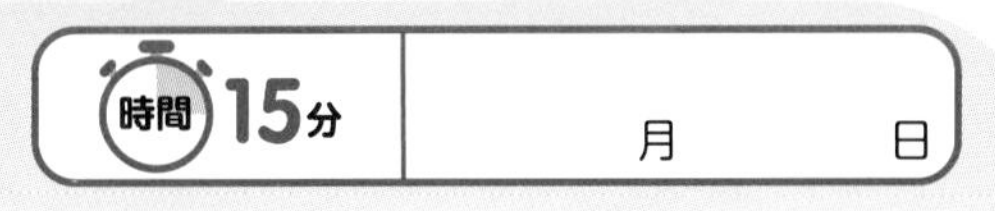

アルファベットの練習
大文字

Part 1

1 AからZまで文字を順になぞったあと、自分で２回書きましょう。

(1) 大文字[エイ]

(2) 大文字[ビー]

(3) 大文字[スィー]

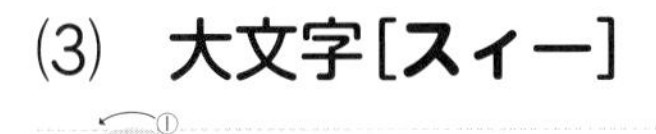

(4) 大文字[ディー]

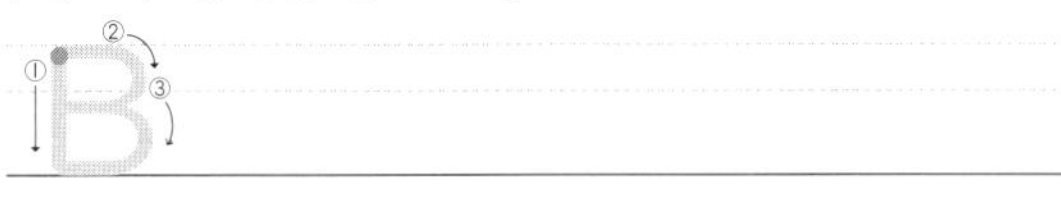

(5) 大文字[イー]

(6) 大文字[エフ]

(7) 大文字[ヂー]

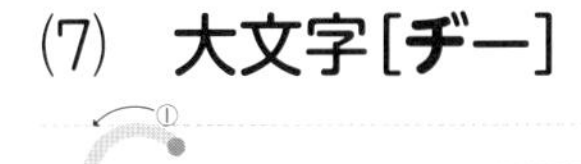

(8) 大文字[エイチ]

(9) 大文字[アイ]

(10) 大文字[ヂェイ]

(11) 大文字[ケイ]

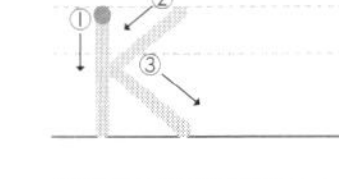

(12) 大文字[エル]

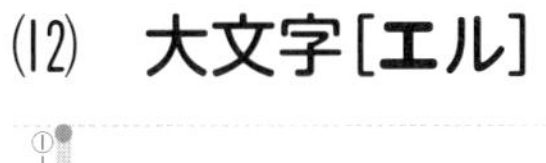

この本では、めやすとして英語の発音をよく似たカタカナで表しています。

(13) 大文字[**エム**]

M

(14) 大文字[**エン**]

N

(15) 大文字[**オウ**]

O

(16) 大文字[**ピー**]

P

(17) 大文字[**キュー**]

Q

(18) 大文字[**アー**]

R

(19) 大文字[**エス**]

S

(20) 大文字[**ティー**]

T

(21) 大文字[**ユー**]

U

(22) 大文字[**ヴィー**]

V

(23) 大文字[**ダブリュー**]

W

(24) 大文字[**エックス**]

X

(25) 大文字[**ワイ**]

Y

(26) 大文字[**ズィー**]

Z

アルファベットには大文字と小文字があり、26ずつあります。

アルファベットの書き順に決まりはありません。この書き順は１つの例です。

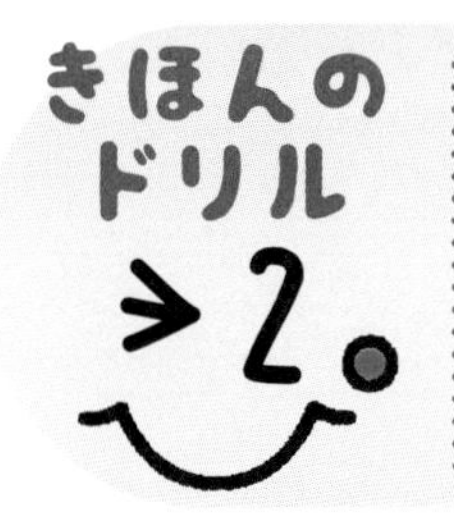

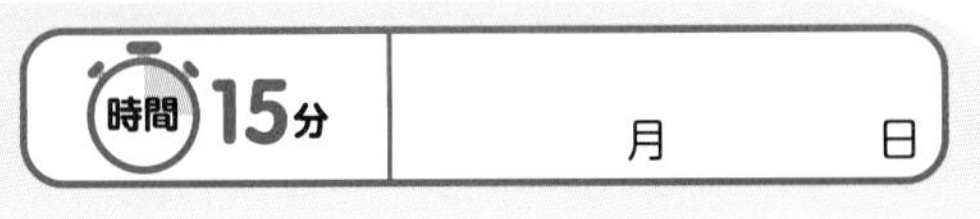

アルファベットの練習

小文字

Part 2

1 aからzまで文字を順になぞったあと、自分で2回書きましょう。

(1) 小文字[**エイ**]

a

(2) 小文字[**ビー**]

b

(3) 小文字[**スィー**]

c

(4) 小文字[**ディー**]

d

(5) 小文字[**イー**]

e

(6) 小文字[**エフ**]

f

(7) 小文字[**ヂー**]

g

(8) 小文字[**エイチ**]

h

(9) 小文字[**アイ**]

i

(10) 小文字[**ヂェイ**]

j

(11) 小文字[**ケイ**]

k

(12) 小文字[**エル**]

l

この本では、めやすとして英語の発音をよく似たカタカナで表しています。

(13) 小文字[エム]

m

(14) 小文字[エン]

n

(15) 小文字[オウ]

o

(16) 小文字[ピー]

p

(17) 小文字[キュー]

q

(18) 小文字[アー]

r

(19) 小文字[エス]

s

(20) 小文字[ティー]

t

(21) 小文字[ユー]

u

(22) 小文字[ヴィー]

v

(23) 小文字[ダブリュー]

w

(24) 小文字[エックス]

x

(25) 小文字[ワイ]

y

(26) 小文字[ズィー]

z

4本線の中にきれいに
書くように練習しよう。

アルファベットの書き順に決まりはありません。この書き順は１つの例です。

きほんのドリル 3

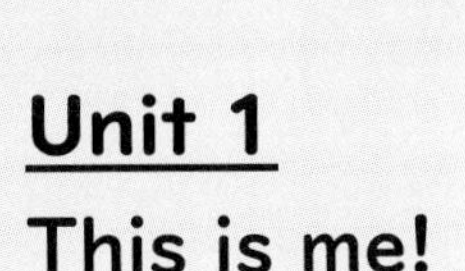

Unit 1
This is me!

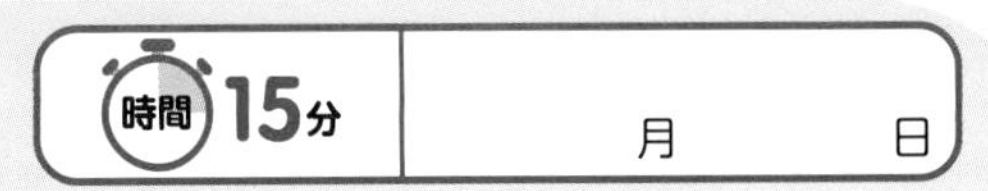

Part 1

◎ 動物・スポーツ・色を表すことば

1 声に出しながら、文字をなぞって、1～2回自分で書いてみましょう。

(1) イヌ[ド(ー)グ]

dog

(2) ネコ[キャット]

cat

(3) ウサギ[ラビット]

bを2つ続けて書きます。

rabbit

(4) ライオン[ライオン]

lion

(5) サッカー[サ(ー)カァ]

soccer

(6) テニス[テニス]

tennis

(7) 野球[ベイスボール]

baseball

(8) 赤[レッド]

red

(9) 青[ブルー]

blue

(10) 黄[イェロウ]

yellow

(11) 緑[グリーン]

eeは【イー】とのばして発音するよ。

green

2 声に出して読んだあと、文をなぞりましょう。

What animals do you like?
あなたは何の動物が好きですか。
— I like dogs.
わたしはイヌが好きです。

ポイント
好きな動物をたずねるときは、What animals do you like? と言います。I like 動物.で答えましょう。

(1) あなたは何の動物が好きですか。[(フ)ワット アニマルズ ドゥ ユー ライク]

What animals do you like?

(2) わたしはイヌが好きです。[アイ ライク ド(ー)グズ]

I like dogs.

教科書 6〜13ページ

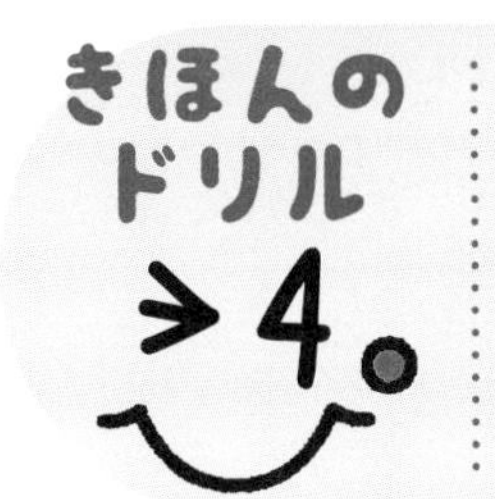

時間 15分　　月　　日

Unit 1 This is me!

Part 2

◎ 身の回りのものを表すことば

1 声に出しながら、文字をなぞって、1～2回自分で書いてみましょう。

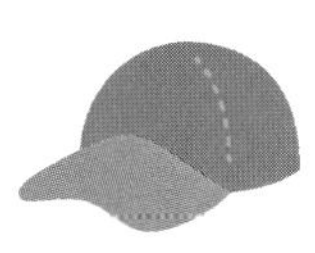

(1) (ふちのない)ぼうし[**キャ**ップ]

cap

naは【ネ】と発音するよ。

(2) 辞書[**ディ**クショネリィ]

dictionary

(3) タブレット[**タ**ブレット]

tablet

(4) コンピューター[コン**ピュ**ータァ]

computer

「コップ」はglassです。

(5) マグカップ[**マッ**グ]

mug

(6) ラケット[**ラ**ケット]

racket

(7) かばん[**バッ**グ]

bag

教科書 6～13ページ

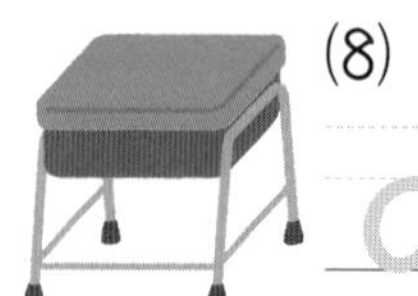

(8) 机(つくえ)[デスク]

desk

(9) いす[チェア]

chair

(10) かさ[アンブレラ]

umbrella

(11) スマートフォン[スマートフォウン]

smartphone

(12) ベッド[ベッド]

bed

2 **声に出して読んだあと、文をなぞりましょう。**

What is your treasure?
あなたの宝物(たからもの)は何ですか。
— My treasure is my soccer ball **.**
わたしの宝物はわたしの サッカーボール です。

ポイント
相手の宝物をたずねるときは、What is your treasure?と言います。My treasure is ～.で宝物を答えましょう。

(1) あなたの宝物は何ですか。[(フ)ワット イズ ユア トゥレジャ]

What is your treasure?

(2) わたしの宝物はわたしのサッカーボールです。
[マイ トゥレジャ イズ マイ サ(ー)カァ ボール]

My treasure is my soccer ball.

教科書 6～13ページ

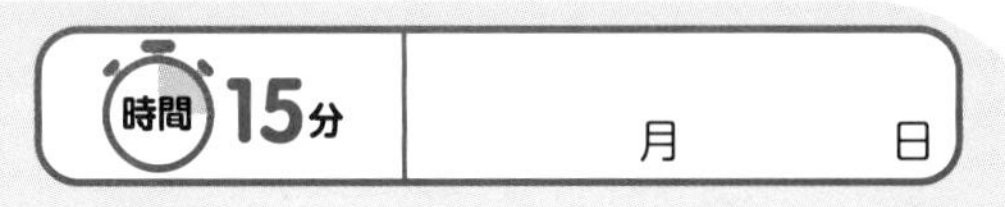

Unit 1
This is me!

Part 3

◎ 家族・人を表すことば

1 声に出しながら、文字をなぞって、1～2回自分で書いてみましょう。

(1) おじいさん[グラン(ド)ファーザァ]

grandfather

(2) おばあさん[グラン(ド)マザァ]

grandmother

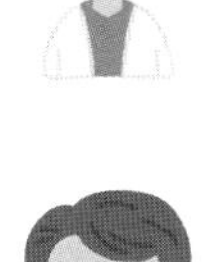

(3) お父さん[ファーザァ]

father

(4) お母さん[マザァ]

mother

motherのoのつづりに
注意しましょう。

(5) 両親[ペ(ア)レンツ]

parents

(6) お兄さん、弟[ブラザァ]

brother

(7) お姉さん、妹[スィスタァ]

sister

教科書 6～13ページ

(8) いとこ[**カ**ズン]

ouは短く【ア】と発音するよ。

cousin

(9) おじさん[**ア**ンクル]

uncle

(10) おばさん[**ア**ント]

aunt

(11) クラスメート[ク**ラ**スメイト]

classmate

(12) 友達[フ**レ**ンド]

friend

2 声に出して読んだあと、文をなぞりましょう。

My treasure is my soccer ball.
わたしの宝物(たからもの)はわたしのサッカーボールです。
It's from my grandmother.
それはわたしのおばあさんからです。

ポイント
宝物をだれからもらったかを伝えるときは、It's from ～. と言います。fromは「～から」という意味です。

(1) わたしの宝物はわたしのサッカーボールです。
[**マイ** トゥ**レ**ジャ **イズ** **マイ** **サ**(ー)カァ **ボー**ル]

My treasure is my soccer ball.

(2) それはわたしのおばあさんからです。[**イッ**ツ フラム **マイ** グ**ラ**ン(ド)マザァ]

It's from my grandmother.

教科書 6～13ページ

きほんのドリル 6。

Unit 1 This is me!

時間 15分　　月　　日

Part 4

◎ 動作を表すことば

1 声に出しながら、文字をなぞって、1～2回自分で書いてみましょう。

(1) 野球をする[プ**レ**イ **ベ**イスボール]

play baseball

(2) テニスをする[プ**レ**イ **テ**ニス]

play tennis

(3) サッカーをする[プ**レ**イ **サ**(ー)カァ]

play soccer

(4) 柔道(じゅうどう)をする[**ド**ゥー **ヂュ**ードウ]

do judo

(5) なわとびをする[**ヂャ**ンプ **ロ**ウプ]

u は【ア】と発音するよ。

jump rope

(6) ギターをひく[プ**レ**イ ザ ギ**タ**ー]

guitar は ta【タ】の部分を強く読むよ。

play the guitar

(7) ピアノをひく[プレイ ザ ピアノウ]

play the piano

m が2つありますが、
1つしか読みません。

(8) 水泳[スウィミング]

swimming

(9) スキーをすること[スキーイング]

skiing

(10) 絵をかくこと[ドゥローイング]

drawing

(11) 踊(おど)り[ダンスィング]

dancing

2 **声に出して読んだあと、文をなぞりましょう。**

I'm good at playing badminton **.**

わたしは バドミントンをすること が得意です。

ポイント

「わたしは〜が得意です」と伝えるときは I'm good at 〜. と言います。「〜」には〈動作を表す単語＋ing〉が入ります。

わたしはバドミントンをすることが得意です。
[アイム グッド アット プレイング バドミントゥン]

I'm good at playing badminton.

教科書 6〜13ページ

まとめのドリル 7

Unit 1
This is me!

合格 80点 /100

月 日

1 例のように、表の中から動物を表す単語を４つ見つけましょう。 1つ5点(20点)

例

b	k	l	i	o	n
k	o	f	i	l	h
r	a	b	b	i	t
a	l	c	t	r	d
l	a	a	a	b	o
a	p	s	t	t	g

2 絵に合う単語になるように、下のカードから文字を選んで書きましょう。同じカードは一度しか使えません。 1問完答10点(30点)

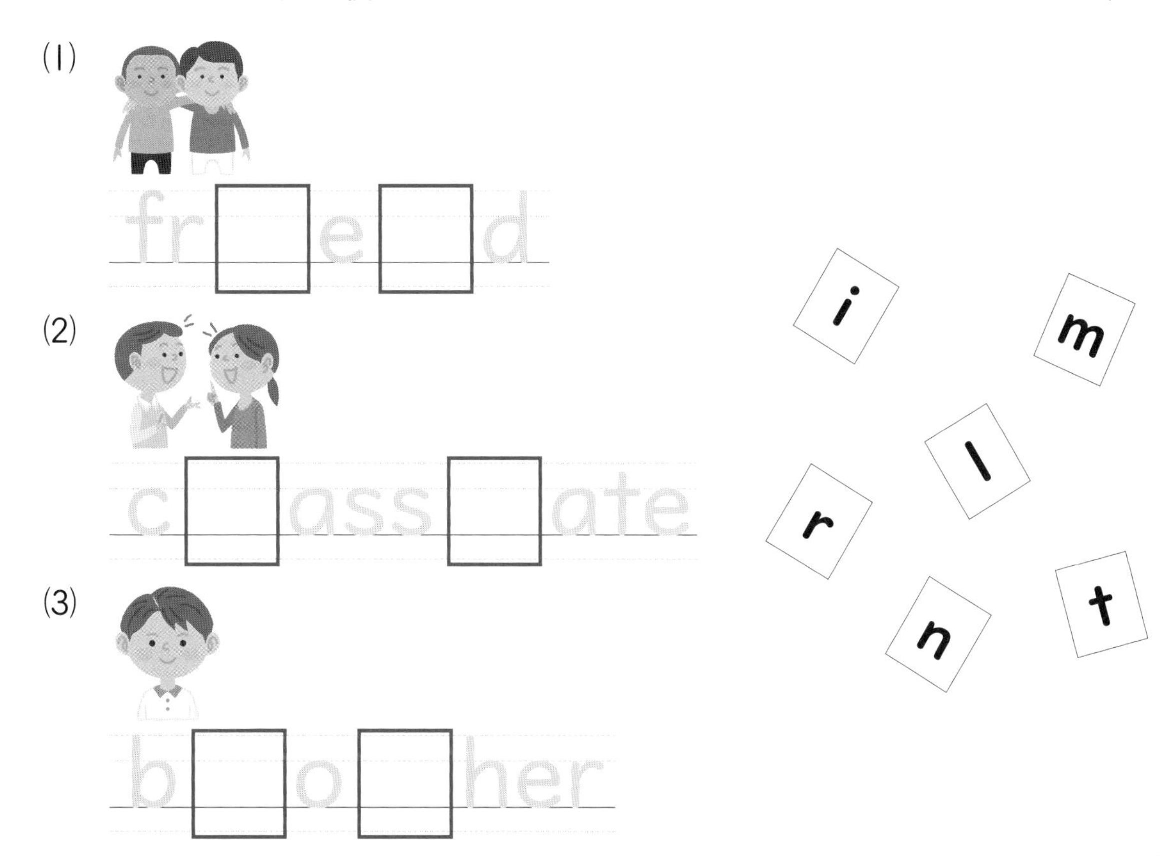

うらのページにつづくよ!

教科書 6～13ページ

3 質問の文と答えの文が合うように、それぞれ●と●を線で結びましょう。

1問10点(30点)

(1)	What sport do you like?	●	●	I like blue.
(2)	What is your treasure?	●	●	I like baseball.
(3)	What color do you like?	●	●	My treasure is my bag.

4 女の子が自己紹介(じこしょうかい)をします。メモに合うように文を完成させましょう。

1問10点(20点)

名前：カナ
好きなもの：テニス
宝物(たからもの)：ラケット
得意なこと：ピアノをひくこと

I'm Kana.

(1) ______ tennis.

My treasure is my racket.

(2) I'm good at ______.

教科書 6~13ページ

Unit 2
My Daily Schedule

Part 1

◎ 日常の動作を表すことば

1 声に出しながら、文字をなぞって、1～2回自分で書いてみましょう。

(1) 起きる[**ゲ**ット **ア**ップ]

get up

(2) 朝食を食べる[**ハ**ヴ ブ**レ**ックファスト]

have breakfast

schoolは「学校」という意味だよ。

(3) 学校へ行く[**ゴ**ウ **ト**ゥー ス**ク**ール]

go to school

(4) 英語を勉強する[ス**タ**ディ **イ**ングリッシ]

study English

home は「家（へ）」という意味です。

(5) 家へ帰る[**ゴ**ウ **ホ**ウム]

go home

教科書 16～23ページ

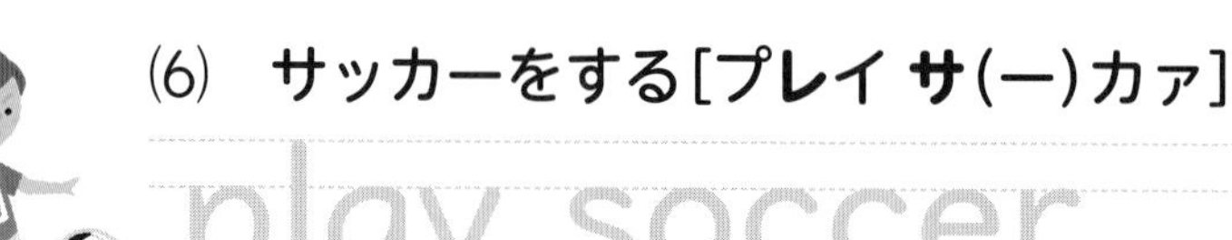

(6)　サッカーをする[**プレイ サ**(ー)カァ]

play soccer

(7)　宿題をする[**ドゥー マイ ホウム**ワーク]

my は「わたしの」という意味だよ。

do my homework

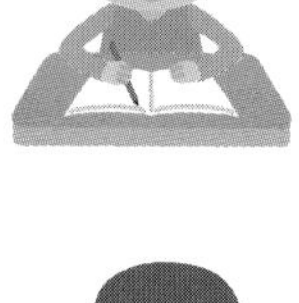

(8)　風呂(ふろ)に入る[**テイク** ア **バス**]

take a bath

(9)　ねる[**ゴウ トゥー ベッド**]

go to bed

2 声に出して読んだあと、文をなぞりましょう。

What time do you usually [get up]?
あなたはたいてい何時に[起きます]か。
— I usually [get up] at 6 a.m.
わたしはたいてい午前6時に[起きます]。

ポイント
ふだんすることの時刻(じこく)をたずねるときは、What time do you usually 〜?と言います。I usually 〜.で答えましょう。

(1)　あなたはたいてい何時に起きますか。[(フ)**ワット タイム** ドゥ **ユー ユー**ジュ(ア)リィ **ゲット アップ**]

What time do you usually
get up?

(2)　わたしはたいてい午前6時に起きます。
[**アイ ユー**ジュ(ア)リィ **ゲット アップ アット スィ**ックス エイ**エム**]

I usually get up at 6 a.m.

教科書 16〜23ページ

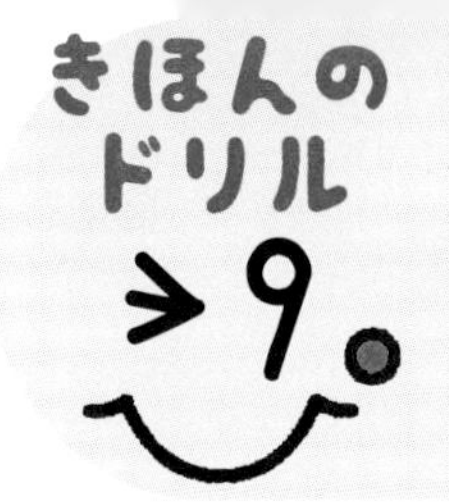

Unit 2
My Daily Schedule

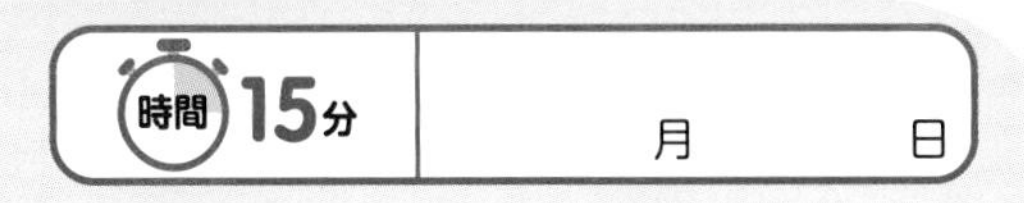

Part 2

◉ 日常の動作・時刻(じこく)・時間帯を表すことば

1 声に出しながら、文字をなぞって、1～2回自分で書いてみましょう。

(1) 歯をみがく[ブラッシ マイ ティース]

eeは【イー】と発音するよ。

brush my teeth

(2) 新聞を取る[ゲット ザ ヌーズペイパァ]

get the newspaper

(3) 昼食を食べる[ハヴ ランチ]

have lunch

(4) イヌを散歩させる[ウォーク マイ ド(ー)グ]

walk my dog

(5) テレビを見る[ワ(ー)ッチ ティーヴィー]

TV「テレビ」は大文字で書きます。

watch TV

教科書 16～23ページ

⑹ 午前６時[**スィ**ックス エイ**エ**ム]

「午前」は a.m.で表すよ。

6 a.m.

⑺ 午後８時[**エ**イト ピー**エ**ム]

8 p.m.

⑻ 午前、朝[**モ**ーニング]

morning

⑼ 午後[アフタ**ヌ**ーン]

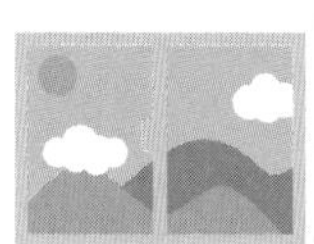

afternoon

⑽ 夕方、晩(ばん)[**イ**ーヴニング]

最初のeは【イー】とのばして発音するよ。

evening

2 声に出して読んだあと、文をなぞりましょう。

I usually play basketball [at 3 p.m.]

わたしはたいてい[午後3時に]バスケットボールをします。

ポイント

「午前[午後]～時に」は、[at＋数字＋a.m.[p.m.]]と言います。「午前中に」のように時間帯を伝えるときは、[in the＋時間帯]と言います。

わたしはたいてい午後３時にバスケットボールをします。
[**ア**イ **ユ**ージュ(ア)リィ プ**レ**イ **バ**スケットボール **ア**ット スリー ピー**エ**ム]

I usually play basketball
at 3 p.m.

きほんのドリル 10。

Unit 2 My Daily Schedule

Part 3

時間 15分　月　日

◉ 曜日・頻度を表すことば

1 声に出しながら、文字をなぞって、1～2回自分で書いてみましょう。

カレンダー 日 月 火 水 木 金 土

(1) 日曜日[**サ**ンデイ]

Sunday

カレンダー 日 月 火 水 木 金 土

(2) 月曜日[**マ**ンデイ]

Monday

カレンダー 日 月 火 水 木 金 土

(3) 火曜日[**トゥ**ーズデイ]

Tuesday

カレンダー 日 月 火 水 木 金 土

(4) 水曜日[**ウェ**ンズデイ]

Wednesday

1つ目のdを書き忘れないように注意しよう。

カレンダー 日 月 火 水 木 金 土

(5) 木曜日[**サ**ーズデイ]

Thursday

カレンダー 日 月 火 水 木 金 土

(6) 金曜日[フ**ラ**イデイ]

Friday

カレンダー 日 月 火 水 木 金 土

(7) 土曜日[**サ**タデイ]

Saturday

教科書 16～23ページ

(8) いつも[**オールウェイズ**]

always

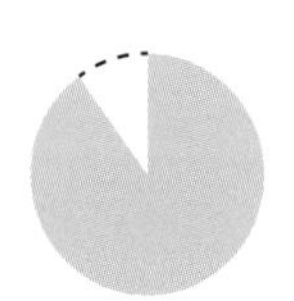

(9) たいてい[**ユージュ**(ア)リィ]

usually

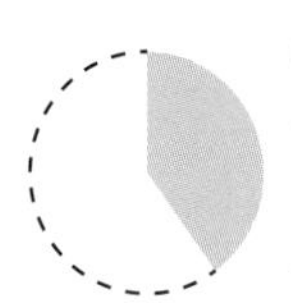

(10) ときどき[**サ**ムタイムズ]

【サ】を強く読むよ。

sometimes

(11) 決して〜ない[**ネ**ヴァ]

never

2 声に出して読んだあと、文をなぞりましょう。

I [usually] **wash the dishes.**
わたしは[たいてい]皿をあらいます。
I clean my room on [Sundays] **.**
わたしは[日曜日]に自分の部屋をそうじします。

ポイント
「わたしはたいてい〜します」は I usually 〜.で表します。曜日を伝えるときは、〈on＋[曜日]〉を使います。

(1) わたしはたいてい皿をあらいます。
[**アイ ユー**ジュ(ア)リィ **ワ**(ー)ッシ ザ **ディ**ッシィズ]

I usually wash the dishes.

(2) わたしは日曜日に自分の部屋をそうじします。
[**アイ ク**リーン **マイ ル**ーム **ア**(ー)ン **サ**ンデイズ]

I clean my room on Sundays.

教科書 16〜23ページ

Unit 2
My Daily Schedule

合格 80点 ／100

月　日

1 日本語に合う単語になるように、正しい文字を選んで書きましょう。 1問5点(20点)

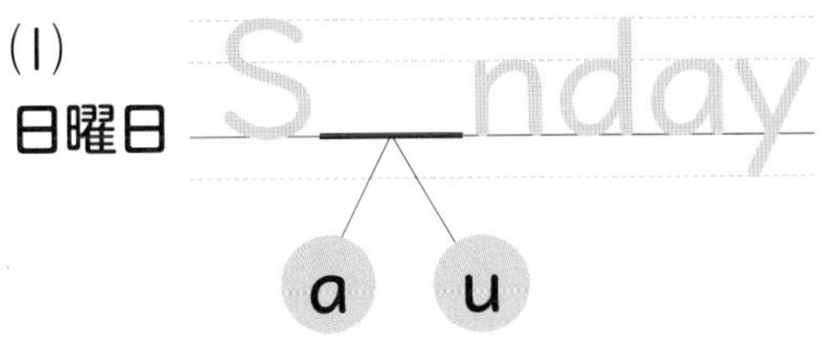

(1) 日曜日 S＿nday (a / u)

(2) 火曜日 Tue＿day (s / z)

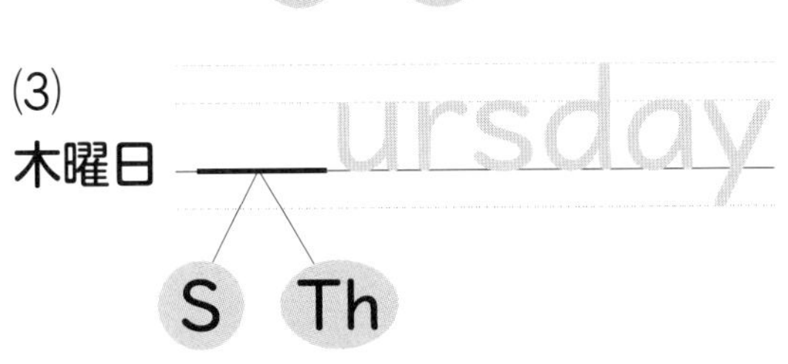

(3) 木曜日 ＿ursday (S / Th)

(4) 金曜日 F＿iday (r / l)

2 絵に合う単語になるように、●と●を線で結びましょう。 1つ完答5点(20点)

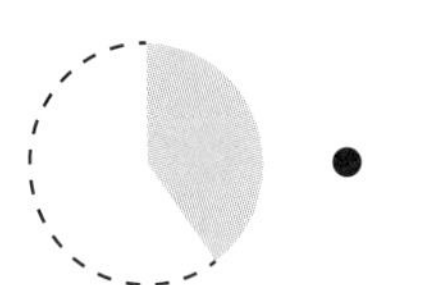

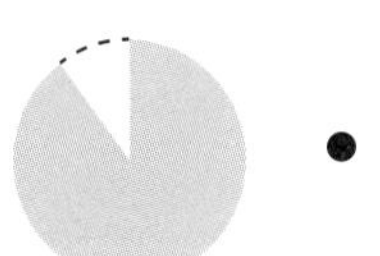

●	● some ●	● er
●	● al ●	● ally
●	● usu ●	● times
●	● nev ●	● ways

↓うらのページにつづくよ!

教科書 16〜23ページ

3 絵に合う単語になるように、カードを正しく並(なら)べかえましょう。 1問10点(20点)

(1)

(2)

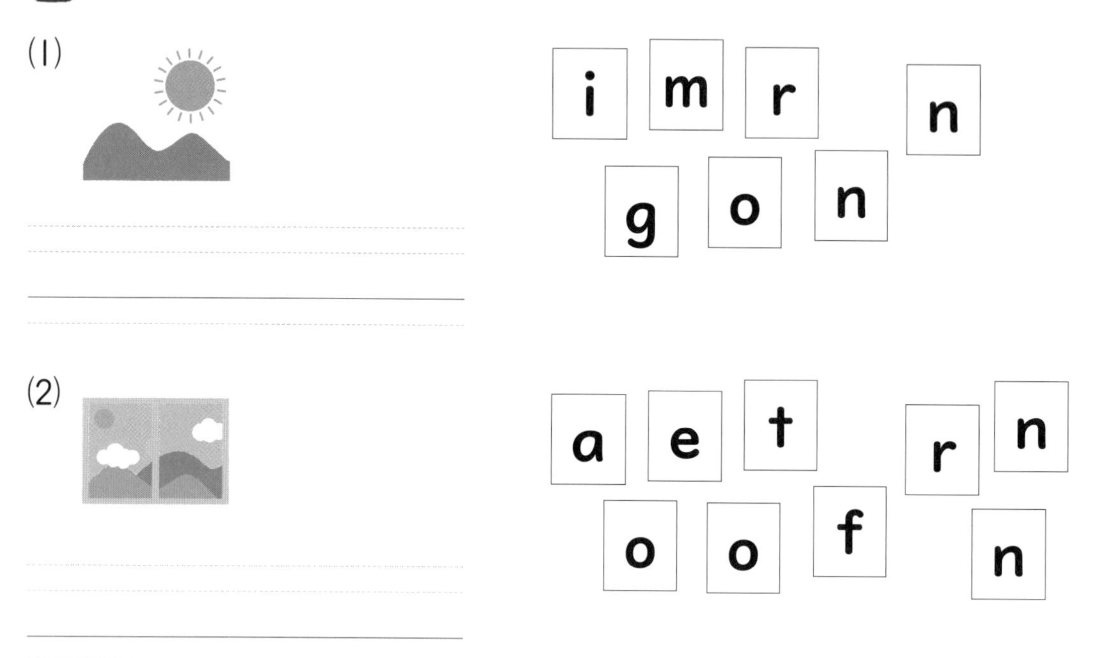

4 絵の中の人物になったつもりで、絵に合うように文を完成させましょう。 1問完答10点(40点)

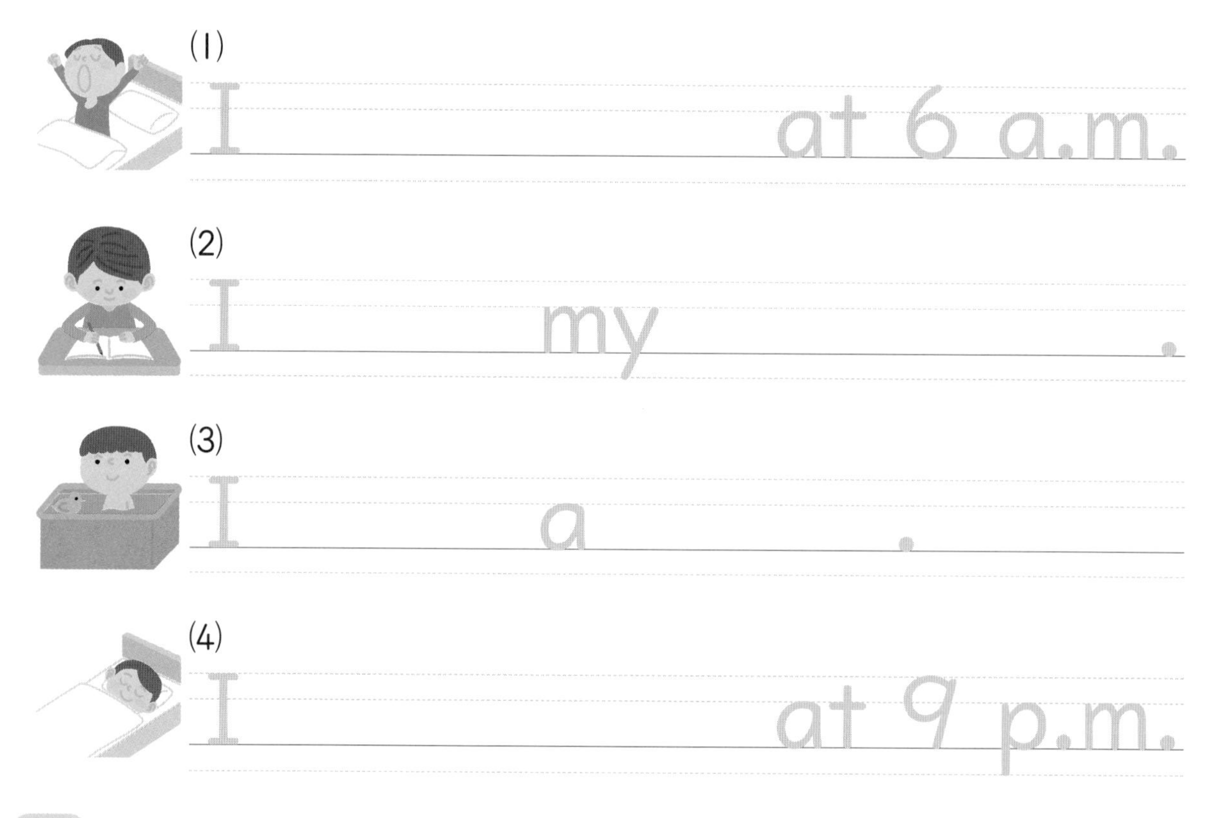

教科書 16〜23ページ

Unit 3
My Weekend

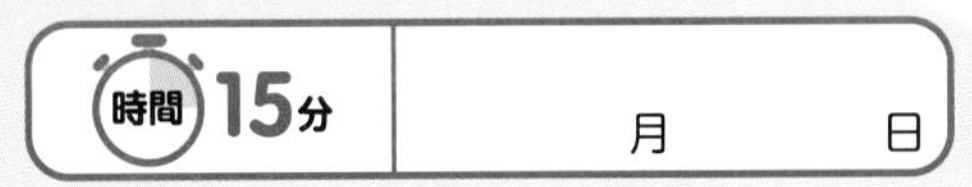

Part 1

◉ 建物・場所を表すことば

1 声に出しながら、文字をなぞって、1～2回自分で書いてみましょう。

(1) デパート[ディ**パー**トメント ストー]

department store

(2) 博物館、美術館[ミュ(ー)**ズィ**(ー)アム]

【ズィ(ー)】を強く読みます。

museum

(3) 図書館、図書室[**ラ**イブレリィ]

library

(4) 公園[**パー**ク]

park

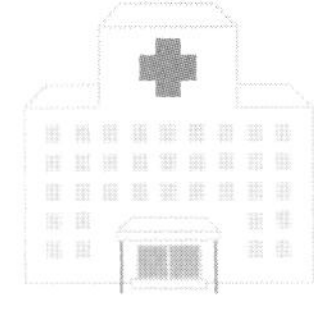

(5) 病院[**ハ**(ー)スピトゥル]

hospital

(6) 郵便局(ゆうびんきょく)[**ポ**ウスト ア(ー)フィス]

postは「郵便」という意味だよ。

post office

教科書 26～33ページ

(7) 駅[**ステ**イション]

tionで【ション】と読むよ。

station

(8) 書店[**ブ**ックストー]

bookstore

(9) 水族館[アク**ウェ**(ア)リアム]

aquarium

(10) レストラン[**レ**ストラント]

auのつづりに注意します。

restaurant

(11) 動物園[**ズー**]

zoo

2 **声に出して読んだあと、文をなぞりましょう。**

I went to Koshien Stadium **.**

わたしは 甲子園(こうしえん)球場 へ行きました。

ポイント
行った場所を伝えるときは、
I went to 場所.と言います。

わたしは甲子園球場へ行きました。
[**アイ ウェ**ント **トゥ**ー コウシエン **ステ**イディアム]

I went to Koshien Stadium.

教科書 26〜33ページ

きほんのドリル 13。

Unit 3 My Weekend

Part 2

◉ 感想・様子を表すことば

(1) すてきな、親切な[ナイス]

【ス】はceと書くよ。

nice

(2) 良い[グッド]

ooは【ウ】と発音します。

good

(3) おどろくほどすばらしい[アメイズィング]

amazing

(4) わくわくさせる[イクサイティング]

【サ】を強く読むよ。

exciting

(5) すばらしい、おどろくべき[ワンダフル]

wonderful

(6) 悪い[バッド]

bad

(7) おもしろい[インタレスティング]

interesting

教科書 26～33ページ

(8) すばらしい、すてきな[ファン**タ**スティック]

fantastic

(9) かっこいい[**ク**ール]

cool

(10) 楽しいこと[**ファ**ン]

fun

2 声に出して読んだあと、文をなぞりましょう。

How was your weekend?
あなたの週末はどうでしたか。
— It was great .
すばらしかったです。

ポイント
「あなたの週末はどうでしたか」はHow was your weekend?と言います。It was ～.で感想を答えましょう。過去のことを言うので、wasを使います。

(1) あなたの週末はどうでしたか。[**ハ**ウ **ワ**ズ **ユ**ア **ウィ**ーケンド]

How was your weekend?

(2) すばらしかったです。[**イ**ット **ワ**ズ グ**レ**イト]

It was great.

教科書 26～33ページ

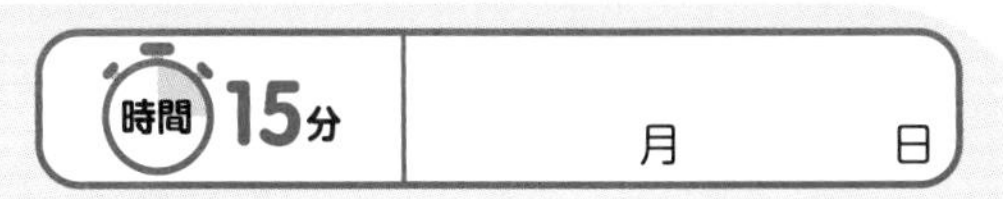

Unit 3
My Weekend

Part 3

◎ 動作を表すことば

1 **声に出しながら、文字をなぞって、１～２回自分で書いてみましょう。**

(1) 食べた[**エイト**]

ate

(2) 行った[**ウェント**]

went

(3) 見た[**ソー**]

aw は【オー】とのばして発音するよ。

saw

(4) 持っていた[**ハッド**]

had

(5) 作った[**メイド**]

made

(6) (スポーツなどを)した[**プレイド**]

(7) 見た[**ワ(ー)ッチト**]

ed は【ト】とにごらずに発音します。

watched

教科書 26～33ページ

(8) 楽しんだ[インヂョイド]

enjoyed

(9) キャンプ[キャンピング]

camping

(10) 魚つり[フィッシング]

fishing

(11) 買い物[シャ(ー)ピング]

shopping

2 声に出して読んだあと、文をなぞりましょう。

I played soccer with my brother.
わたしは兄[弟]といっしょにサッカーをしました。

I enjoyed watching a baseball game.
わたしは野球の試合を見ることを楽しみました。

ポイント
「わたしは～しました」と伝えるときは、〈I＋した動作＋具体的なもの・こと.〉と言います。

(1) わたしは兄[弟]といっしょにサッカーをしました。
[アイ プレイド サ(ー)カァ ウィズ マイ ブラザァ]

I played soccer with my brother.

(2) わたしは野球の試合を見ることを楽しみました。
[アイ インヂョイド ワ(ー)ッチング ア ベイスボール ゲイム]

I enjoyed watching a baseball game.

教科書 26～33ページ

Unit 3
My Weekend

15分 | 合格 80点 | /100

月　日

1 絵に合う単語になるように、●と●を線で結びましょう。　1つ完答5点(20点)

 ●　　● rest ●　　● arium

 ●　　● muse ●　　● tion

 ●　　● aqu ●　　● um

 ●　　● sta ●　　● aurant

2 絵に合う建物の名前になるように、右のカードから文字を選んで書きましょう。同じカードは一度しか使えません。　1問完答10点(20点)

(1)

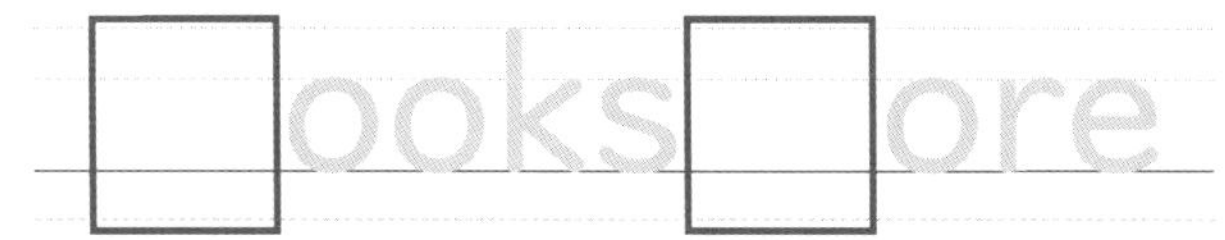

f

(2)

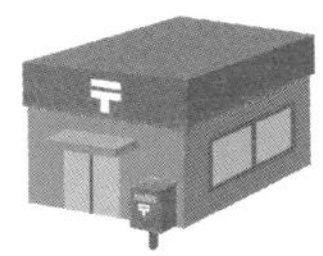

p

b

うらのページにつづくよ!

教科書 26〜33ページ

3 日本語に合う単語になるように、カードに書かれたアルファベットを選んで書きましょう。ただし、同じカードは一度しか使えません。 1問10点(20点)

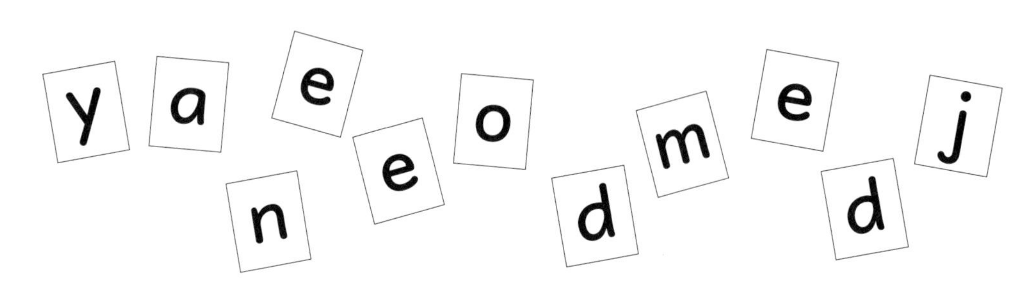

(1) 楽しんだ

(2) 作った

4 ふき出しの内容に合うように対話文を完成させましょう。 1問10点(40点)

あなたの週末はどうでしたか。

すてきでした。
レストランへ行きました。
ピザを食べました。

A：(1) ＿＿＿ was your weekend?

B：(2) It ＿＿＿ nice.

(3) I ＿＿＿ a restaurant.

(4) I ＿＿＿ pizza.

教科書 26〜33ページ

夏休みのホームテスト 16。

合格 80点 /100

Unit 1 ～ Unit 3

1 **ヒントの絵を見ながら、空いているところにアルファベットを入れ、しりとりを完成させましょう。** 1つ完答5点(20点)

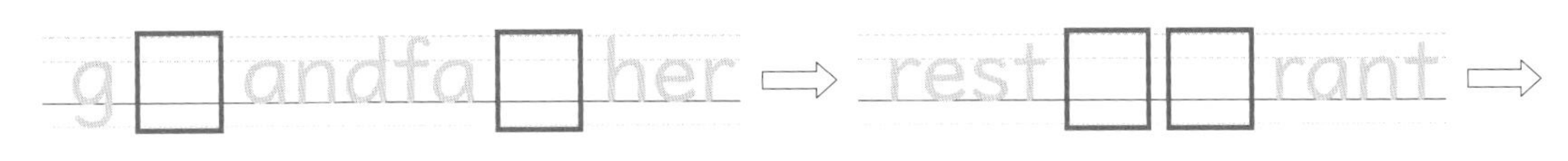

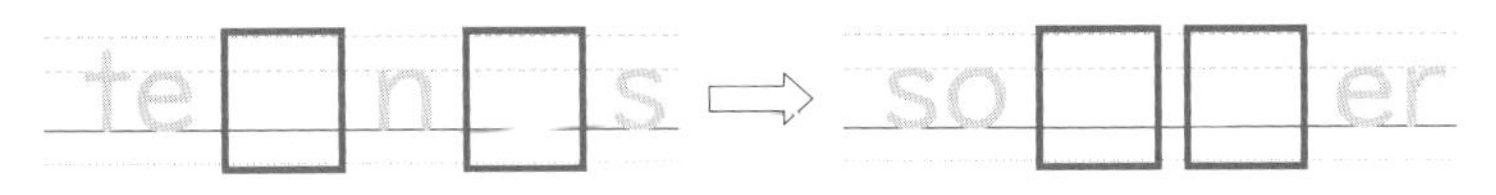

ヒント

2 **絵に合う内容になるように、●と●を線で結びましょう。** 1つ完答10点(30点)

interesting	cool	exciting
おもしろい	わくわくさせる	かっこいい

うらのページにつづくよ!

3 正しいスポーツ名になるように、スタートからゴールまで進み、できた単語を英語で書きましょう。 1問10点（20点）

(1)

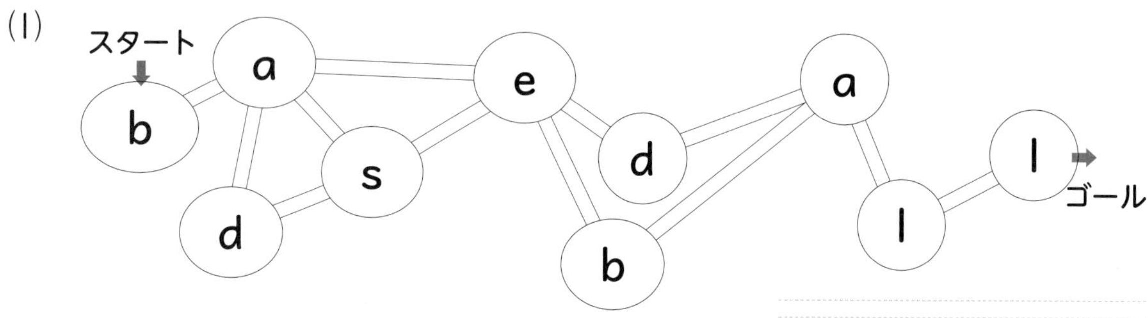

(2)

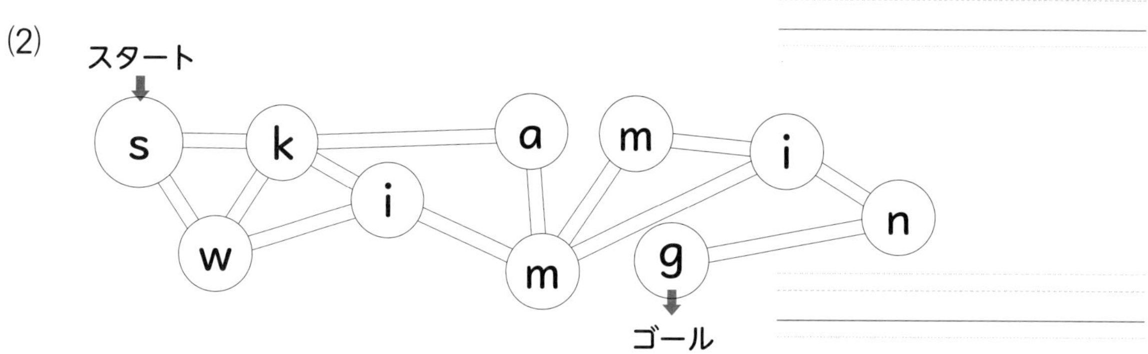

4 週末にしたことのメモに合うように文を完成させましょう。 1問10点（30点）

ケン

(1) 行った場所：動物園
(2) 見たもの：コアラ
(3) 食べたもの：ピザ

I'm Ken.

(1) I ＿＿＿＿ the zoo.

(2) I ＿＿＿＿ koalas.

(3) I ＿＿＿＿ .

It was fun.

時間 15分　　月　　日

Unit 4

Let's see the world.

Part 1

◎ 国を表すことば

1 声に出しながら、文字をなぞって、1～2回自分で書いてみましょう。

国を表す単語は大文字で始めるよ。

(1) 日本［ジャ**パ**ン］

Japan

(2) インド［**イ**ンディア］

India

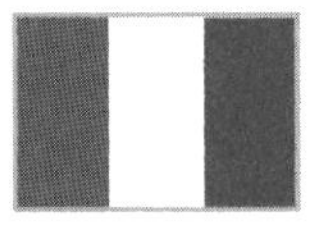

(3) イタリア［**イ**タリィ］

Italy

(4) アメリカ［ア**メ**リカ］

America

(5) 中国［**チャ**イナ］

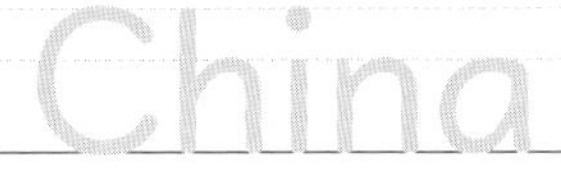

Auは【オ(ー)】と読みます。

(6) オーストラリア［オ(ー)ストゥ**レ**イリア］

Australia

(7) フランス［フ**ラ**ンス］

France

教科書 38～45ページ

aiは【エイ】と発音するよ。

(8) スペイン[スペイン]

Spain

(9) ブラジル[ブラ**ズィ**ル]

(10) イギリス[ザ ユー**ケ**イ]

(11) 韓国(かんこく)[コ**リ**(ー)ア]

(12) エジプト[**イ**ーヂプト]

Egypt

2 声に出して読んだあと、文をなぞりましょう。

Where do you want to go?
あなたはどこに行きたいですか。
— I want to go to Italy.
わたしはイタリアに行きたいです。

行きたい場所をたずねるときは、Where do you want to go? と言います。I want to go to 場所. で答えましょう。

(1) あなたはどこに行きたいですか。[(フ)**ウェ**ア ドゥ **ユー** **ワ**(ー)ント **トゥー** **ゴウ**]

Where do you want to go?

(2) わたしはイタリアに行きたいです。
[**ア**イ **ワ**(ー)ント **トゥー** **ゴ**ウ **トゥー** **イ**タリィ]

I want to go to Italy.

教科書 38~45ページ

Unit 4
Let's see the world.

Part 2

◉ 世界で見られるものを表すことば

1 声に出しながら、文字をなぞって、1～2回自分で書いてみましょう。

(1) 自由の女神像［ザ スタチュー オヴ **リ**バティ］

the Statue of Liberty

(2) 万里の長城［ザ グレイト **ウォ**ール］

the Great Wall

(3) ピラミッド［ザ **ピ**ラミッヅ］

pyは【ピ】と発音します。

the pyramids

(4) 富士山［**マ**ウント フジ］

Mt. Fuji

教科書 38～45ページ

(5)　エッフェル塔[ズィ アイフ(ェ)ル **タ**ウア]

the Eiffel Tower

(6)　リオのカーニバル[ザ リーオウ **カー**ニヴァル]

the Rio Carnival

2 **声に出して読んだあと、文をなぞりましょう。**

I want to go to France.
わたしはフランスに行きたいです。

You can see the Eiffel Tower.
あなたはエッフェル塔を見ることができます。

ポイント
相手ができることは、You can ～. で表します。「～を見る」はseeで表します。eat「～を食べる」やbuy「～を買う」などもよく使います。

(1)　わたしはフランスに行きたいです。
[**アイ ワ**(ー)ント **トゥー ゴウ トゥー** フ**ラ**ンス]

I want to go to France.

(2)　あなたはエッフェル塔を見ることができます。
[**ユー キャン スィー** ズィ アイフ(ェ)ル **タ**ウア]

You can see the Eiffel Tower.

きほんのドリル 19。

Unit 4
Let's see the world.

Part 3

15分　月　日

◉ 様子を表すことば

1 声に出しながら、文字をなぞって、1～2回自分で書いてみましょう。

(1) あまい[スウィート]

sweet

(2) 苦い[ビタァ]

bitter

(3) 塩からい[ソールティ]

salty

(4) すっぱい[サウア]

sour

(5) からい、ぴりっとした[スパイスィ]

iは【アイ】と発音します。

spicy

(6) 美しい[ビューティフル]

beautiful

(7) 色あざやかな[カラフル]

oをaと書かないように注意しよう。

colorful

教科書 38～45ページ

(8) 人気のある[**パ**(ー)ピュラァ]

popular

(9) 有名な[**フェ**イマス]

famous

(10) とてもおいしい[ディ**リ**シャス]

delicious

2 **声に出して読んだあと、文をなぞりましょう。**

You can eat pizza.
あなたはピザを食べることができます。
It's [delicious] **.**
それは[とてもおいしい]です。

ポイント
「あなたは～することができます」と言うときは、You can ～.と言います。It's ～.でその味や様子などを説明しましょう。

(1) あなたはピザを食べることができます。
[**ユー キャン イ**ート **ピ**ーツァ]

You can eat pizza.

(2) それはとてもおいしいです。[**イ**ッツ ディ**リ**シャス]

It's delicious.

教科書 38～45ページ

時間 15分　合格 80点　/100

月　日

Unit 4

Let's see the world.

1 絵に合う単語になるように、•と•を線で結びましょう。　1つ完答5点(20点)

 エジプト •	• It •	• tralia
 中国 •	• Eg •	• ina
 オーストラリア •	• Aus •	• aly
 イタリア •	• Ch •	• ypt

2 ヒントの絵を見ながら、空いているところに文字を入れ、パズルを完成させましょう。　1問10点(40点)

↓うらのページにつづくよ!

教科書 38~45ページ

3 絵に合うように対話文を完成させましょう。

1問完答10点(40点)

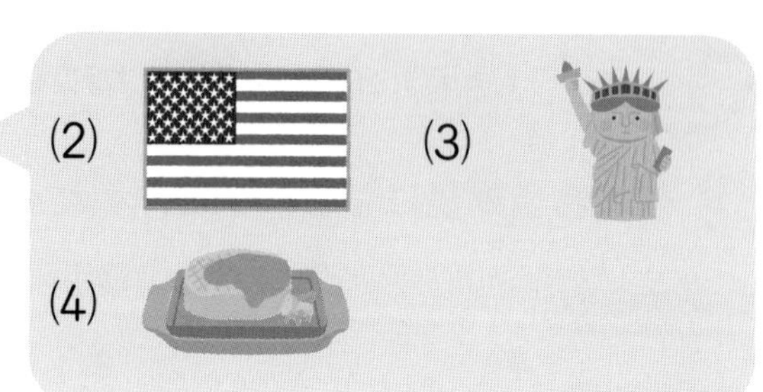

A：(1) ＿＿＿ do you want ＿＿＿ ?

B：(2) I want to go to ＿＿＿ .

(3) You can ＿＿＿
of Liberty.

(4) You can ＿＿＿ .
It's delicious.

教科書 38～45ページ

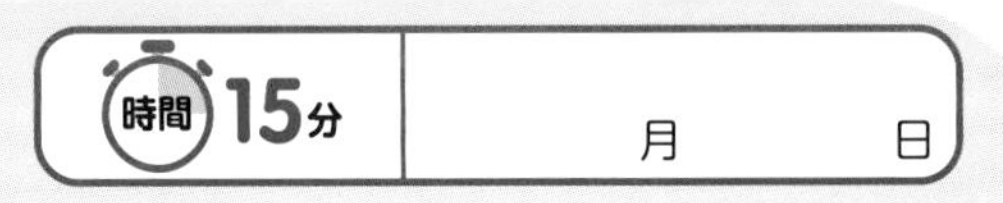

Unit 5
Where is it from?

Part 1

◎ 身の回りのもの・国を表すことば

1 声に出しながら、文字をなぞって、1～2回自分で書いてみましょう。

(1) セーター[スウェタァ]

sweater

(2) ズボン[パンツ]

pants

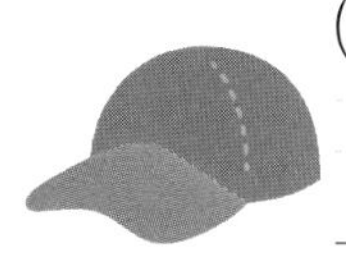

(3) (ふちのない)ぼうし[キャップ]

cap

-(ハイフン)を書き忘れないようにします。

(4) Tシャツ[ティーシャート]

T-shirt

(5) 腕時計[ワ(ー)ッチ]

watch

(6) (ふちのある)ぼうし[ハット]

hat

(7) 日本[ヂャパン]

Japan

教科書 48～55ページ

(8) ドイツ［**ヂャ**ーマニィ］

Germany

(9) 中国［**チャ**イナ］

China

(10) タイ［**タ**イランド］

Thailand

(11) ノルウェー［**ノ**ーウェイ］

Norway

(12) ベトナム［ヴィーエト**ナ**ーム］

Vietnam

【ベトナム】とは読まないので注意しよう。

② 声に出して読んだあと、文をなぞりましょう。

This is my [sweater] **.**
これはわたしの［セーター］です。

It's from [New Zealand] **.**
それは［ニュージーランド］産です。

ポイント
自分の身の回りのものを紹介(しょうかい)するときは、This is my [身の回りのもの]. と言います。その生産地を伝えるときは、It's from [場所]. と言います。

(1) これはわたしのセーターです。［**ズィ**ス **イ**ズ **マ**イ ス**ウェ**タァ］

This is my sweater.

(2) それはニュージーランド産です。［**イ**ッツ フ**ラ**ム ヌ(ー) **ズィ**ーランド］

It's from New Zealand.

教科書 48～55ページ

きほんのドリル 22。

Unit 5 Where is it from?

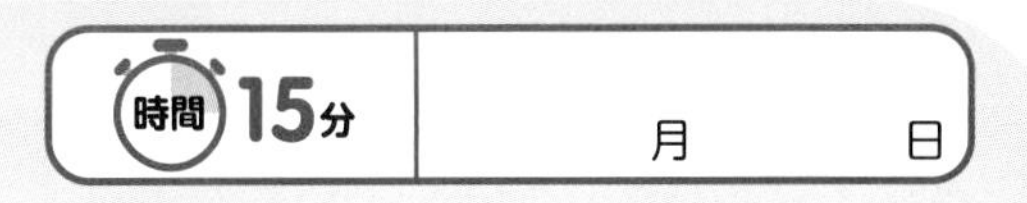

Part 2

◎ 食べ物を表すことば

1 声に出しながら、文字をなぞって、1～2回自分で書いてみましょう。

(1) サンドイッチ[**サン**(ド)ウィッチ]

sandwich

(2) ハンバーガー[**ハ**ンバーガァ]

hamburger

(3) サラダ[**サ**ラッド]

salad

(4) ソーセージ[**ソ**(ー)セッヂ]

sausage

(5) ピザ[**ピー**ツァ]

pizza

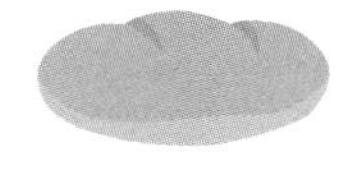

(6) パン[ブ**レ**ッド]

bread

(7) スープ[**スー**プ]

soup

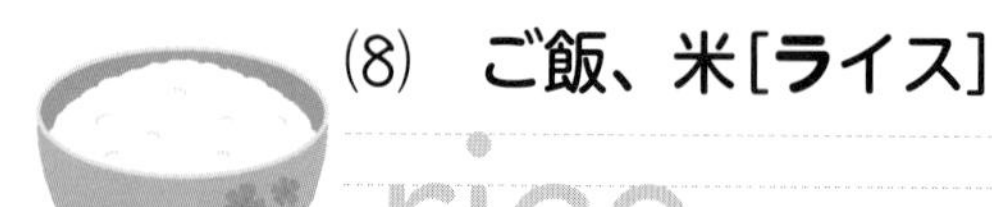

(8)　ご飯、米[**ラ**イス]

rice

(9)　ステーキ[ス**テ**イク]

tea は短く【テイ】と発音するよ。

steak

(10)　オムレツ[**ア**(ー)ムレット]

omelet

(11)　スパゲッティ[スパ**ゲ**ティ]

hを書き忘(わす)れないように注意しよう。

spaghetti

2 **声に出して読んだあと、文をなぞりましょう。**

Tell me about your sandwich **.**

あなたの サンドイッチ についてわたしに教えてください。

— My sandwich is a COT sandwich.

わたしのサンドイッチはCOTサンドイッチです。

ポイント
何かについて自分に教えてほしいとお願いするときは、Tell me about ～. と言います。

(1)　あなたのサンドイッチについてわたしに教えてください。
[**テ**ル **ミー** ア**バ**ウト **ユ**ア **サ**ン(ド)ウィッチ]

Tell me about your sandwich.

(2)　わたしのサンドイッチはCOTサンドイッチです。
[**マ**イ **サ**ン(ド)ウィッチ **イ**ズ ア **スィ**ー**オ**ウ**ティ**ー **サ**ン(ド)ウィッチ]

My sandwich is a COT sandwich.

教科書 48～55ページ

きほんのドリル 23。

Unit 5 Where is it from?

Part 3

時間 15分　月　日

◉ 国・州を表すことば

1 声に出しながら、文字をなぞって、1～2回自分で書いてみましょう。

(1) 韓国(かんこく)[コリ(ー)ア]

Korea

(2) スウェーデン[スウィードゥン]

Sweden

(3) カナダ[キャナダ]

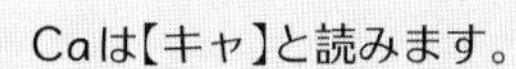

Canada

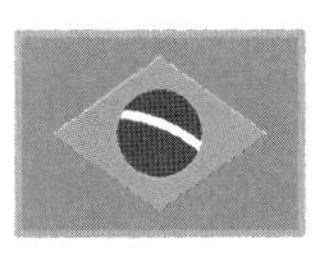

(4) ブラジル[ブラズィル]

Brazil

(5) オーストラリア[オ(ー)ストゥレイリア]

Australia

(6) ガーナ[ガーナ]

Ghana

(7) アジア[エイジャ]

Asia

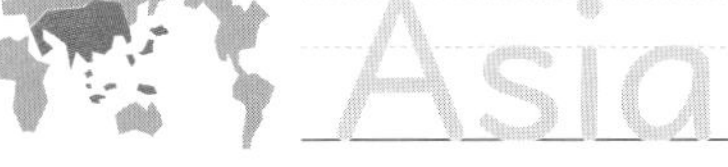

教科書 48～55ページ

(8) ヨーロッパ[ユ(ア)ロップ]

Euは【ユ(ア)】と読むよ。

Europe

(9) 北アメリカ[ノース アメリカ]

North America

(10) 南アメリカ[サウス アメリカ]

South America

(11) オセアニア[オウシアニア]

1つ目のaを強く読むよ。

Oceania

2 **声に出して読んだあと、文をなぞりましょう。**

My sweater is from New Zealand.
わたしのセーターはニュージーランド産です。

New Zealand is in Oceania.
ニュージーランドはオセアニアにあります。

ポイント
自分の身の回りのものの生産国を伝えるときは、My 身の回りのもの is from 国. と言います。国がある場所や州は、国 is in 場所. と言います。

(1) わたしのセーターはニュージーランド産です。
[マイ スウェタァ イズ フラム ヌ(ー) ズィーランド]

My sweater is from New Zealand.

(2) ニュージーランドはオセアニアにあります。
[ヌ(ー) ズィーランド イズ イン オウシアニア]

New Zealand is in Oceania.

教科書 48〜55ページ

Unit 5
Where is it from?

時間15分　合格80点　／100

月　日

1 空いているところにアルファベットを入れ、絵に合う単語を完成させましょう。

1問完答7点(28点)

(1)  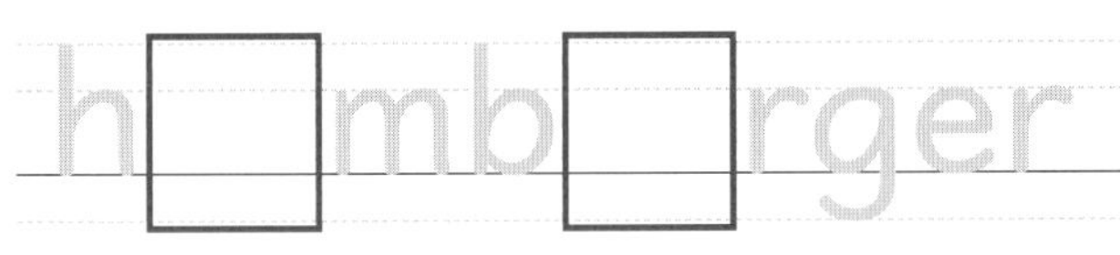

(2)   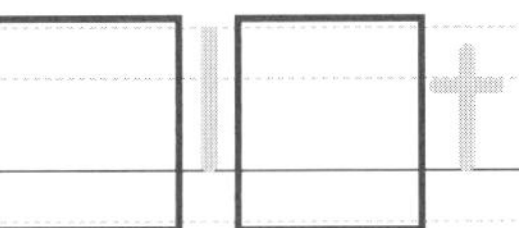

(3) 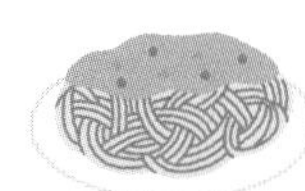 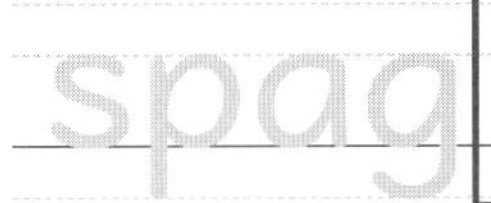 

(4)  

2 絵に合う単語になるように、●と●を線で結びましょう。

1つ完答4点(12点)

 ●	● Au ●	● way
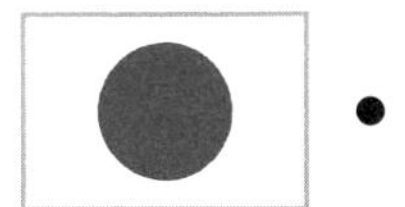 ●	● Ja ●	● stralia
 ●	● Nor ●	● pan

↓うらのページにつづくよ!

教科書 48〜55ページ

3 日本語や絵に合う単語になるように、正しい文字を選んで書きましょう。

1問5点(20点)

(1) 南アメリカ

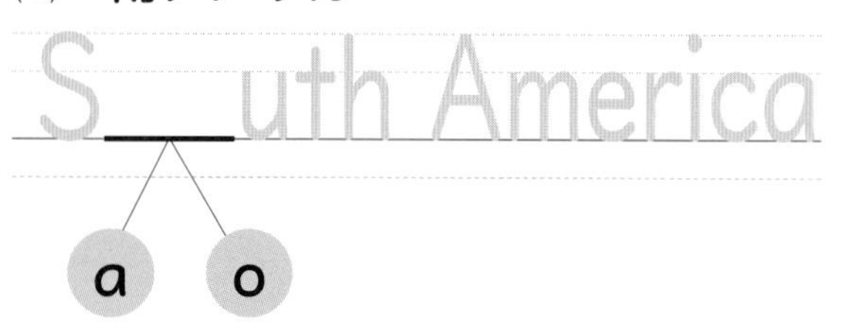

S＿＿uth America

a　o

(2) オセアニア

O＿＿eania

c　s

(3)

＿＿ap

c　k

(4)

T-sh＿＿rt

i　a

4 タクとナオコが身の回りのものの生産国について調べました。表の内容に合うように英文を完成させましょう。

1問10点(40点)

	身の回りのもの	生産国	生産国がある州
タク	セーター	スウェーデン	ヨーロッパ
ナオコ	(ふちのある)ぼうし	ベトナム	アジア

(1) My ＿＿＿＿＿＿ is from Sweden.

(2) Sweden is in ＿＿＿＿＿＿.

(3) My ＿＿＿＿＿＿ is from Vietnam.

(4) Vietnam is in ＿＿＿＿＿＿.

Unit 6
Save the animals.

Part 1

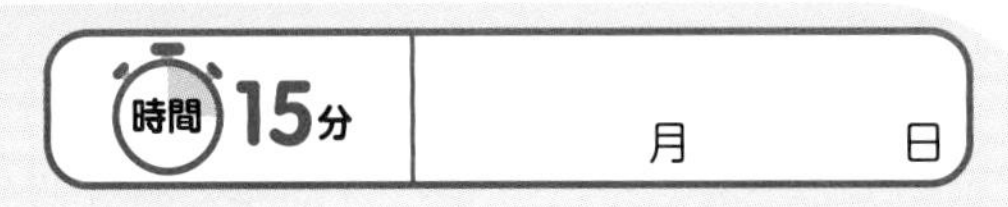

◉ 動物・場所を表すことば

1 声に出しながら、文字をなぞって、１～２回自分で書いてみましょう。

(1) ゾウ[**エ**レファント]

elephant

iは【アイ】と発音するよ。

(2) トラ[**タ**イガァ]

tiger

(3) キリン[ギ**ラ**フ]

giraffe

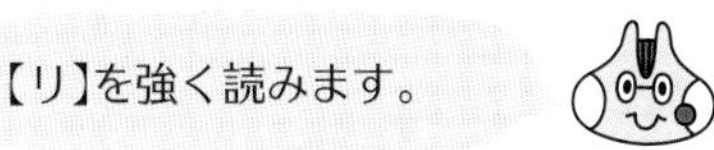

(4) ゴリラ[ゴ**リ**ラ]

gorilla

(5) クラゲ[**ヂェ**リフィッシ]

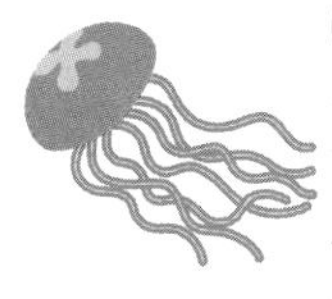

jellyfish

(6) ウミガメ[**スィー** タートゥル]

sea turtle

(7) 川[**リ**ヴァ]

river

教科書 60～67ページ

(8) 森[**フォーレスト**]

forest

(9) サバンナ[**サヴァナ**]

nを２つ重ねて書くよ。

savanna

(10) 海[**スィー**]

sea

(11) 湿地（しっち）[**ウェットランズ**]

wetlands

❷ 声に出して読んだあと、文をなぞりましょう。

Where do [pandas] **live?**

[パンダ]はどこで暮（く）らしていますか。

— [Pandas] **live in** [forests] **.**

[パンダ]は[森]で暮らしています。

ポイント

動物が暮らしている場所をたずねるときは、Where do [動物] live?と言います。[動物] live in [場所].で答えましょう。

(1) パンダはどこで暮らしていますか。[(フ)**ウェア** ドゥ **パンダズ リヴ**]

Where do pandas live?

(2) パンダは森で暮らしています。[**パンダズ リヴ イン フォーレスツ**]

Pandas live in forests.

教科書 60～67ページ

きほんのドリル 26。

月　日

Unit 6
Save the animals.

Part 2

◉ 動物・場所を表すことば

1 声に出しながら、文字をなぞって、1～2回自分で書いてみましょう。

zeは【ズィー】と発音します。

(1) シマウマ[**ズィ**ーブラ]

zebra

(2) ウマ[**ホ**ース]

horse

(3) ヒツジ[**シ**ープ]

sheep

(4) クジラ[(フ)**ウェ**イル]

whale

(5) イルカ[**ダ**(ー)ルフィン]

dolphin

shは【シ】と発音するよ。

(6) 魚[**フィ**ッシ]

fish

(7) サメ[**シャ**ーク]

shark

教科書 60～67ページ

(8)　アリ[**アント**]

ant

darではなくderと書きます。

(9)　クモ[**スパ**イダァ]

spider

a は【エイ】と発音するよ。

(10)　湖[**レ**イク]

lake

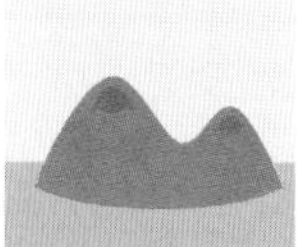

(11)　山[**マ**ウントゥン]

mountain

【デ】を強く読むよ。

(12)　砂漠(さばく)[**デ**ザト]

desert

2 声に出して読んだあと、文をなぞりましょう。

Let's save the sea turtles **.**

ウミガメ を救いましょう。

動物などを救いましょうと相手に呼(よ)びかけるときは、Let's save the 動物. と言います。

ウミガメを救いましょう。[**レ**ッツ **セ**イヴ ザ **スィ**ー **タ**ートゥルズ]

Let's save the sea turtles.

教科書 60～67ページ

きほんのドリル 27。

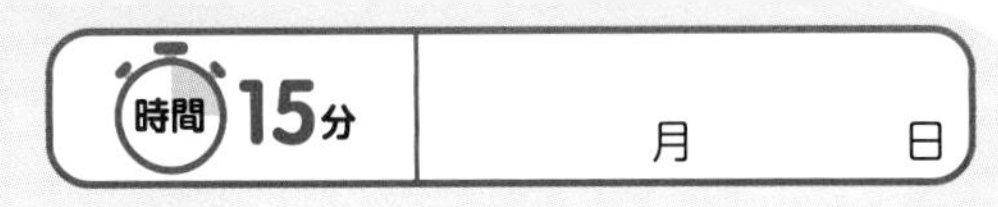

Unit 6 Part 3
Save the animals.

◉ SDGsにかかわる内容を表すことば

1 声に出しながら、文字をなぞって、1～2回自分で書いてみましょう。

(1) プラスチック[プ**ラ**スティック]

【ラ】を強く読むよ。

plastic

(2) 森林がなくなること[**フォ**ーレスト **ロ**(ー)ス]

forest loss

(3) 地球温暖化(ちきゅうおんだんか)[グ**ロ**ウバル **ウォ**ーミング]

arは【オー】と読みます。

global warming

(4) 狩猟(しゅりょう)[**ハ**ンティング]

hunting

(5) 木を植える[プ**ラ**ント トゥ**リ**ーズ]

plant trees

(6) エコバッグを使う[**ユ**ーズ イーコウフ**レ**ンドリィ **バ**ッグズ]

use eco-friendly bags

教科書 60～67ページ

(7) エネルギーを節約する[**セ**イヴ **エ**ナヂィ]

save energy

(8) ４Rをする[**ドゥー** ザ **フォー**ア**ー**ズ]

do the 4Rs

(9) ビニール袋(ぶくろ)を再利用する[リー**ユー**ズ プ**ラ**スティック **バ**ッグズ]

reuse plastic bags

2 声に出して読んだあと、文をなぞりましょう。

Plastic is a big problem.
プラスチックは大きな問題です。

We can use eco-friendly bags.
わたしたちはエコバッグを使うことができます。

ポイント
生き物の問題を取りあげるときは、問題 is a big problem. と言います。その問題に対して自分たちができることを伝えるときは、We can 動作. と言います。

(1) プラスチックは大きな問題です。
[プ**ラ**スティック **イ**ズ ア **ビ**ッグ プ**ラ**(ー)ブレム]

Plastic is a big problem.

(2) わたしたちはエコバッグを使うことができます。
[**ウィー** **キャ**ン **ユー**ズ イーコウフ**レ**ンドリィ **バ**ッグズ]

We can use eco-friendly bags.

教科書 60〜67ページ

Unit 6
Save the animals.

時間 15分 合格 80点 /100

1 例のように、表の中から海の生き物を表す単語を４つ見つけましょう。 1つ5点(20点)

例

f	s	h	i	k	d	l
i	h	s	e	a	o	e
s	a	w	h	a	l	e
h	r	h	a	r	p	f
e	k	e	n	g	h	i
p	e	n	g	u	i	n
t	u	r	t	l	n	e

2 絵に合うように、積み木の文字を正しく並べかえて書きましょう。 1問10点(30点)

(1) 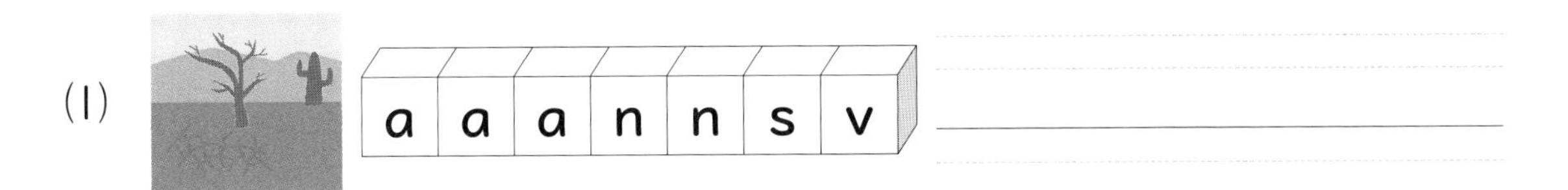

(2) 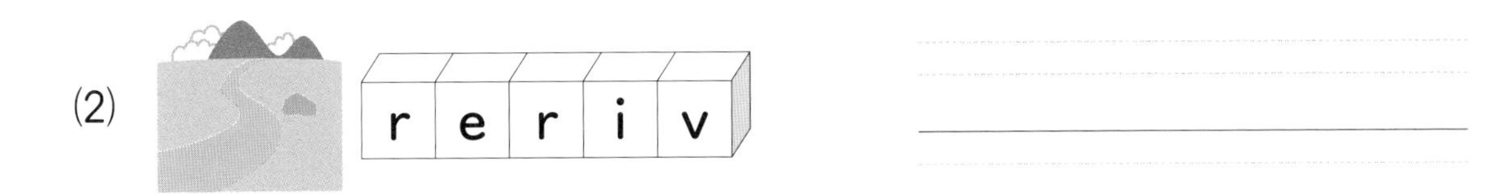

(3) 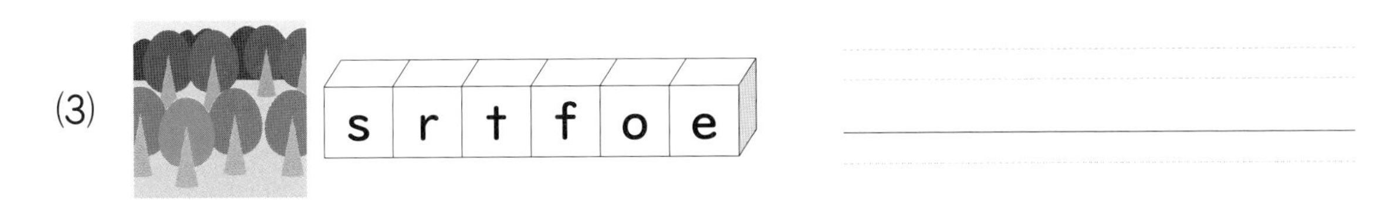

↓うらのページにつづくよ！

教科書 60～67ページ

3 □にアルファベットを入れ、絵に合うことばを完成させましょう。

1問完答10点(30点)

(1)

e□e□hant

(2)

go□i□la

(3)

sea t□rtl□

4 タケシが、生き物がかかえる問題とその解決策を調べました。表に合うように文を完成させましょう。

1問10点(20点)

タケシ

生き物がかかえる問題	解決策
プラスチック	エコバッグを使う
森林がなくなること	木を植える
地球温暖化	エネルギーを節約する

(1) Forest loss is a big problem.

We can ＿＿＿＿＿＿＿＿＿＿＿＿＿＿＿＿ .

(2) Global warming is a big problem.

We can ＿＿＿＿＿＿＿＿＿＿＿＿＿＿＿＿ .

教科書 60〜67ページ

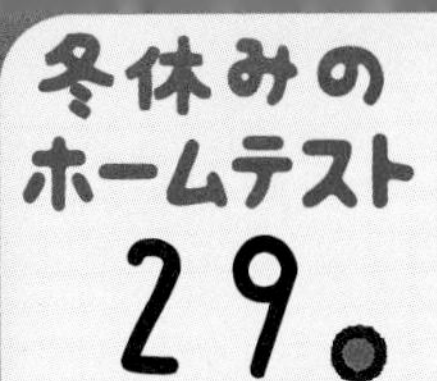

合格 80点 ／100

月　日

Unit 4 ～ Unit 6

1 日本語に合う単語になるように、●と●を線で結びましょう。　1つ完答5点（20点）

からい、ぴりっとした ●	● sal ●	● cious
とてもおいしい ●	● fa ●	● ty
有名な ●	● deli ●	● cy
塩からい ●	● spi ●	● mous

2 絵に合うように、正しい単語に直して書きましょう。　1問5点（25点）

(1)

taiger

(2)

gorila

(3)

dessert

(4)

cea

(5)

sandwitch

↓うらのページにつづくよ！

3 **日本語の意味になるように、下のカードから単語を選んで正しい文にしましょう。同じカードは一度しか使えません。文の最初の文字は大文字で書きましょう。**

1つ5点(25点)

(1) これはわたしのぼうしです。

[　　　] [　　　] my cap.

(2) それはニュージーランド産です。

It's [　　　] New Zealand.

(3) ニュージーランドはオセアニアにあります。

New Zealand is [　　　] [　　　].

from　Oceania　in　is　this

4 **ふき出しの内容に合うように対話文を完成させましょう。**

1問完答6点(30点)

A: どこに行きたいですか。

B: オーストラリアに行きたいです。
湖で泳ぐことができます。
オペラハウスを見ることができます。
大きいです。

A:(1) ＿＿＿ do you want to go?

B:(2) I want to ＿＿＿ Australia.

(3) You can ＿＿＿ in a lake.

(4) You can ＿＿＿ the Sydney Opera House.

(5) It's ＿＿＿.

Unit 7 My Best Memory

Part 1

◎ 学校行事を表すことば

1 声に出しながら、文字をなぞって、1～2回自分で書いてみましょう。

(1) 修学旅行［ス**ク**ール ト**ゥ**リップ］

school trip

(2) 音楽祭［**ミュ**ーズィック **フェ**スティヴァル］

music festival

(3) 運動会［ス**ポ**ーツ デイ］

sports day

(4) 水泳競技会［ス**ウィ**ミング **ミ**ート］

swimming meet

(5) 学園祭［ス**ク**ール **フェ**スティヴァル］

school festival

(6) 合唱コンクール［**コ**ーラス **カ**(ー)ンテスト］

choは【コー】と読むよ。

chorus contest

(7) 学芸会［ドゥ**ラ**ーマ **フェ**スティヴァル］

drama festival

教科書 72～79ページ

(8) 入学式[**エ**ントゥランス **セ**レモウニィ]

entrance ceremony

(9) 卒業式[グラヂュ**エ**イション **セ**レモウニィ]

ceremonyのoは【オウ】と読むよ。

graduation ceremony

(10) 遠足、社会科見学[**フィ**ールド トゥリップ]

field trip

(11) 夏休み[**サ**マァ ヴェイ**ケ**イション]

summer vacation

2 **声に出して読んだあと、文をなぞりましょう。**

What's your best memory?
あなたの一番の思い出は何ですか。
— My best memory is our field trip **.**
わたしの一番の思い出は 遠足 です。

ポイント
一番の思い出をたずねるときは、What's your best memory?と言います。答えるときはMy best memory is our 学校行事.と言います。

(1) あなたの一番の思い出は何ですか。[(フ)**ワ**ッツ **ユ**ア **ベ**スト **メ**モリィ]

What's your best memory?

(2) わたしの一番の思い出は遠足です。
[**マ**イ **ベ**スト **メ**モリィ **イ**ズ **ア**ウア **フィ**ールド トゥリップ]

My best memory is our field trip.

教科書 72〜79ページ

きほんのドリル 31。

時間 15分　　月　　日

Unit 7 My Best Memory

Part 2

◉ 過去にしたことを表すことば

1 **声に出しながら、文字をなぞって、1～2回自分で書いてみましょう。**

(1) ピアノを演奏(えんそう)した[プ**レ**イド ザ ピ**ア**ノウ]

played the piano

(2) サッカーボールを持っていた[**ハッド** ア **サ**(ー)カァ **ボール**]

had a soccer ball

(3) レストランに行った[**ウェント** **トゥー** ア **レ**ストラント]

went to a restaurant

(4) 富士山を見た[**ソー** **マ**ウント フ**ジ**]

awのつづりと【オー】の発音に注意しよう。

saw Mt. Fuji

教科書 72～79ページ

(5)　ハイキングを楽しんだ［**イ**ン**ヂョ**イド **ハ**イキング］

enjoyed hiking

(6)　ステーキを食べた［**エ**イト ス**テ**イク］

ate steak

(7)　ケーキを作った［**メ**イド ア **ケ**イク］

終わりはedではなくdeになります。

made a cake

(8)　バスケットボールの試合を見た［**ワ**(ー)ッチト ア **バ**スケットボール **ゲ**イム］

watched a basketball game

2 **声に出して読んだあと、文をなぞりましょう。**

We went to a car factory.

わたしたちは車工場へ行きました。

ポイント
過去にしたことを伝えるときは、動作を表す単語の形を変えます。単語の後ろにedをつけるものと、形が変わるものがあります。

わたしたちは車工場へ行きました。［**ウィ**ー **ウェ**ント **トゥ**ー ア **カ**ー **ファ**クトリィ］

We went to a car factory.

教科書 72～79ページ

きほんのドリル 32。

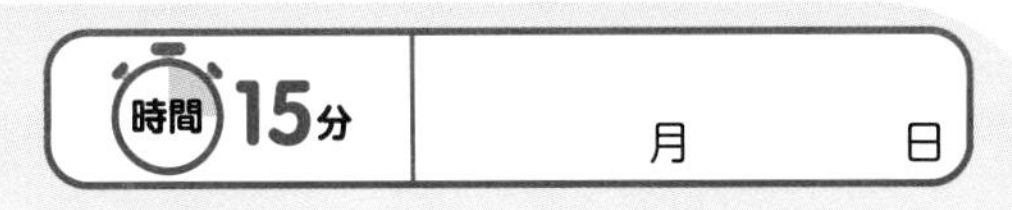

Unit 7 My Best Memory

Part 3

◉ ものの様子を表すことば

1 声に出しながら、文字をなぞって、1～2回自分で書いてみましょう。

(1) 古い[**オ**ウルド]

old

(2) 新しい[**ヌ**ー]

new

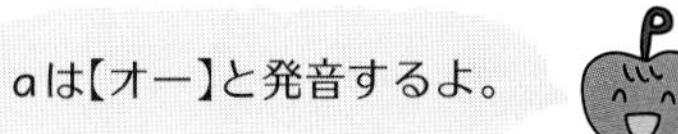

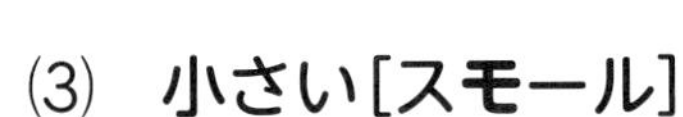

(3) 小さい[ス**モ**ール]

small

(4) 大きい[**ビ**ッグ]

big

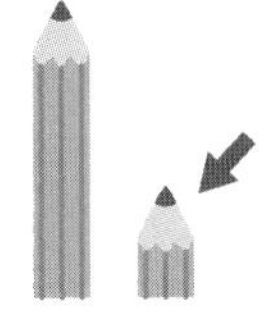

(5) 短い[**ショ**ート]

short

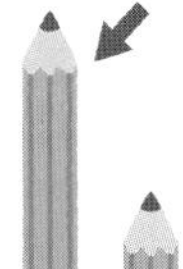
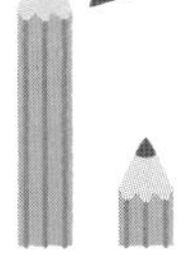

(6) 長い[**ロ**(ー)ング]

long

(7) すばらしい、すごい[グ**レ**イト]

great

(8) とてもおいしい[ディリシャス]

delicious

(9) かわいい[キュート]

cute

beauのつづりに注意します。

(10) 美しい[ビューティフル]

beautiful

(11) かっこいい[クール]

cool

2 声に出して読んだあと、文をなぞりましょう。

How was Todaiji Temple?
東大寺はどうでしたか。
— It was old and great.
それは古くてすばらしかったです。

ポイント
見たものや食べたものの感想や様子をたずねるときは、How was ～?と言います。答えるときは、It was 様子を表す単語. と言います。

(1) 東大寺はどうでしたか。[ハウ ワズ トウダイジ テンプル]

How was Todaiji Temple?

(2) それは古くてすばらしかったです。[イット ワズ オウルド アンド グレイト]

It was old and great.

教科書 72～79ページ

時間15分　合格80点　/100

月　日

サクッとこたえあわせ
答え 79ページ

Unit 7
My Best Memory

1 空いているところにアルファベットを入れ、絵に合う単語を完成させましょう。

1問完答7点(28点)

(1)  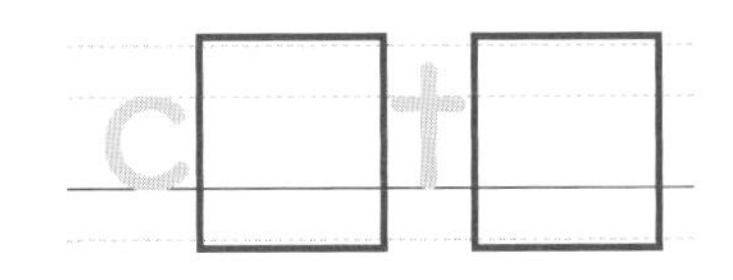

c□t□

(2)  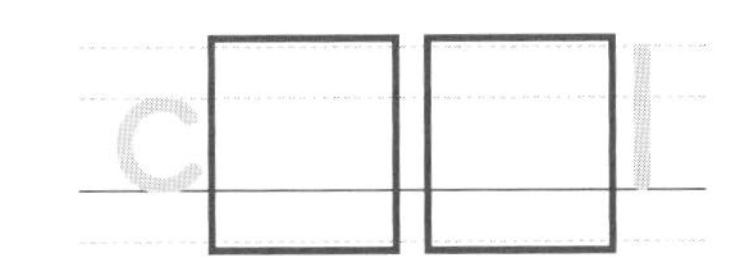

c□□l

(3)  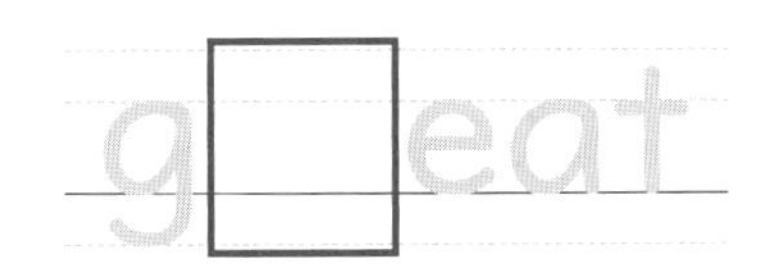

g□eat

(4)  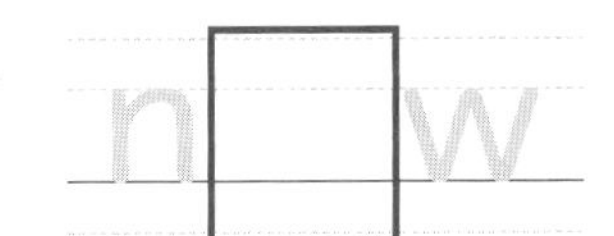

n□w

2 絵に合う内容になるように、●と●を線で結びましょう。　1つ完答4点(12点)

 ●	● music festival ●	● 遠足
 ●	● field trip ●	● 運動会
 ●	● sports day ●	● 音楽祭

↓うらのページにつづくよ!

教科書 72〜79ページ

3 例にならって、正しい単語に直して書きましょう。 1問10点(20点)

例　演奏(えんそう)した

prayed

(1) 見た

sow

(2) 食べた

eite

4 ハルカが小学校の思い出についてメモを作りました。メモに合うように文を完成させましょう。 1問10点(40点)

一番の思い出：修学旅行
行き先：北海道
見たもの：湖
感想：美しかった

(1) My best ________ is our school trip.

(2) We ________ to Hokkaido.

(3) We ________ a lake.

(4) It ________ beautiful.

教科書 72〜79ページ

きほんのドリル 34。

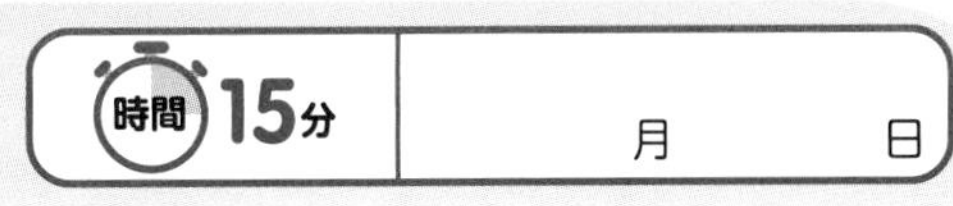

Unit 8 My Future, My Dream

Part 1

◎ 部活動を表すことば

1 声に出しながら、文字をなぞって、1～2回自分で書いてみましょう。

brassはsを２つ続けて書くよ。

(1) ブラスバンド部［ブラス **バ**ンド］

brass band

(2) 合唱部［**コ**ーラス］

chorus

(3) 演劇部（えんげきぶ）［ドゥ**ラ**ーマ クラブ］

drama club

(4) 英語部［**イ**ングリッシ クラブ］

English club

(5) コンピューター部［コン**ピュ**ータァ クラブ］

computer club

(6) 理科部［**サ**イエンス クラブ］

science club

(7) テニス部［**テ**ニス **ティ**ーム］

tennis team

教科書 82～89ページ

(8)　ダンス部[ダンス **ティ**ーム]

dance team

(9)　バスケットボール部[**バ**スケットボール **ティ**ーム]

basketball team

(10)　陸上部[トゥラック アン **フィ**ールド **ティ**ーム]

track and field team

② 声に出して読んだあと、文をなぞりましょう。

What club do you want to join?
あなたは何部に入りたいですか。
— I want to join the tennis team **.**
わたしはテニス部に入りたいです。

ポイント
入りたい部活動をたずねるときは、What club do you want to join?と言います。答えるときは、I want to join the 部活動.と言います。

(1)　あなたは何部に入りたいですか。
[(フ)**ワ**ット クラブ ドゥ **ユ**ー **ワ**(ー)ント **トゥ**ー **ヂョ**イン]

What club do you want to join?

(2)　わたしはテニス部に入りたいです。
[**ア**イ **ワ**(ー)ント **トゥ**ー **ヂョ**イン ザ **テ**ニス **ティ**ーム]

I want to join the tennis team.

教科書 82～89ページ

きほんのドリル 35。

Unit 8 My Future, My Dream

Part 2

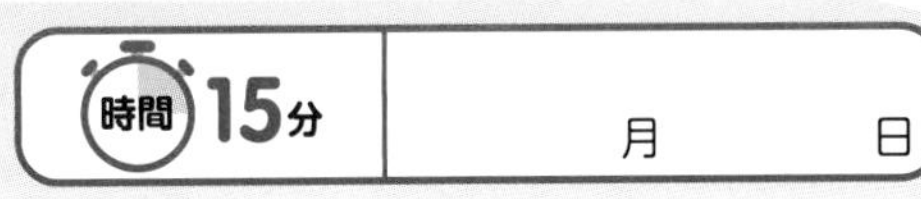

◎ 職業を表すことば

1 声に出しながら、文字をなぞって、1～2回自分で書いてみましょう。

(1) 獣医(じゅうい)[ヴェット]

vet

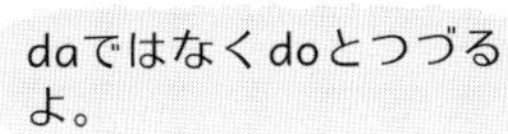

(2) 医者[ダ(ー)クタァ]

doctor

(3) コック、料理人[クック]

cook

(4) 実業家[ビズネスパースン]

businessperson

(5) プログラマー[プロウグラマァ]

programmer

(6) 野球選手[ベイスボール プレイア]

baseball player

(7) 先生[ティーチャ]

teacher

(8) お笑い芸人[コミーディアン]

comedian

(9) 動物園の飼育員[ズーキーパァ]

zookeeper

(10) 警察官(けいさつかん)[ポリース ア(ー)フィサァ]

police officer

(11) パイロット[パイロット]

piは【パイ】と発音します。

pilot

2 声に出して読んだあと、文をなぞりましょう。

What do you want to be?
あなたは何になりたいですか。
— I want to be a teacher.
わたしは先生になりたいです。

ポイント
将来(しょうらい)の夢をたずねるときは、
What do you want to be?
と言います。答えるときは、
I want to be a[an] 職業.
と言います。

(1) あなたは何になりたいですか。
[(フ)**ワッ**ト ドゥ **ユー ワ**(ー)ント **トゥー ビー**]

What do you want to be?

(2) わたしは先生になりたいです。
[**アイ ワ**(ー)ント **トゥー ビー** ア **ティー**チャ]

I want to be a teacher.

まとめのドリル 36。

時間 15分　合格 80点　/100　月　日

Unit 8
My Future, My Dream

1 ヒントを見ながら、空いているところにアルファベットを入れ、パズルを完成させましょう。　1問5点(20点)

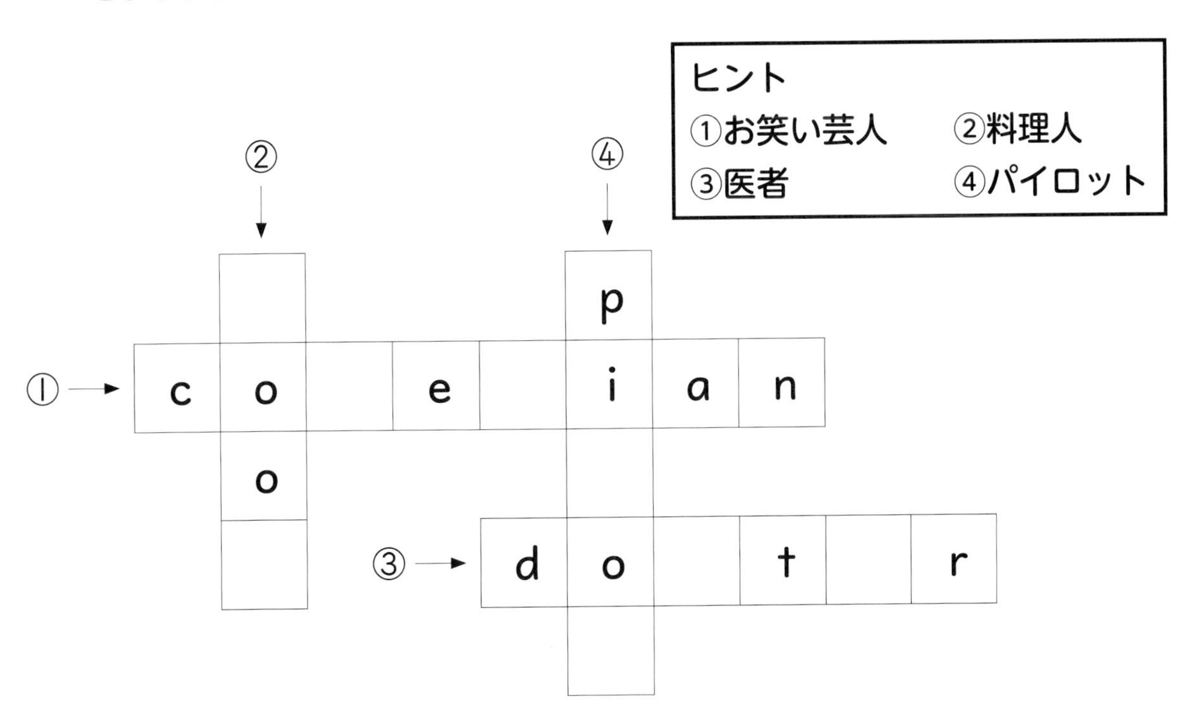

2 絵に合う部活動の名前になるように、右のカードから文字を選んで書きましょう。同じカードは一度しか使えません。　1問完答10点(30点)

↓うらのページにつづくよ!

3 絵に合うように、右のカードから単語を選んで書きましょう。同じカードは一度しか使えません。

1問10点(30点)

(1) 獣医(じゅうい)

(2) 動物園の飼育員

(3) 先生

programmer

vet

zookeeper

teacher

4 エマになったつもりで、メモに合うように文を完成させましょう。 1問10点(20点)

エマ

(1) 入りたい部活動：演劇部(えんげきぶ)
(2) なりたい職業：実業家

(1) I want to join the ________.

(2) I want to be a ________.

学年末のホームテスト

37

合格 80点 ／100

月 日

Unit 7 ～ Unit 8

1 職業を表す単語をすべて通って、スタートからゴールまでたどりましょう。 (5点)

スタート doctor	yellow	hamburger	apple
teacher	baseball	piano	bitter
vet	programmer	restaurant	mountain
park	zookeeper	cook	comedian
watch	river	sour	pilot ゴール

2 質問と答えが合うように、●と●を線で結びましょう。 1つ5点(25点)

What animals do you like?	●	●	It was great.
Where do you want to go?	●	●	I usually get up at 6 a.m.
How was your weekend?	●	●	I like cats.
What time do you usually get up?	●	●	Zebras live in the savanna.
Where do zebras live?	●	●	I want to go to Germany.

↓うらのページにつづくよ!

3 メモに合うように下のカードから単語を選んで正しい文にしましょう。ただし、同じカードは一度しか使えません。

1つ6点(30点)

シンジ

(1) 宝物（たからもの）：ラケット
(2) 好きなこと：テニス
(3) 入りたい部活動：テニス部
(4) なりたい職業：テニス選手

I'm Shinji.

(1) My treasure is my [　　　　].

(2) I [　　　　] tennis.

(3) I want to [　　　　] the tennis team.

(4) I [　　　　] to [　　　　] a tennis player.

be	racket	want
join	like	

4 日記の内容に合うように文を完成させましょう。

1問10点(40点)

わたしの一番の思い出は修学旅行です。わたしたちは広島へ行きました。わたしは神社を見ました。それは美しかったです。

(1) My best memory is our ______________ .

(2) We ______________ to Hiroshima.

(3) I ______________ a shrine.

(4) It was ______________ .

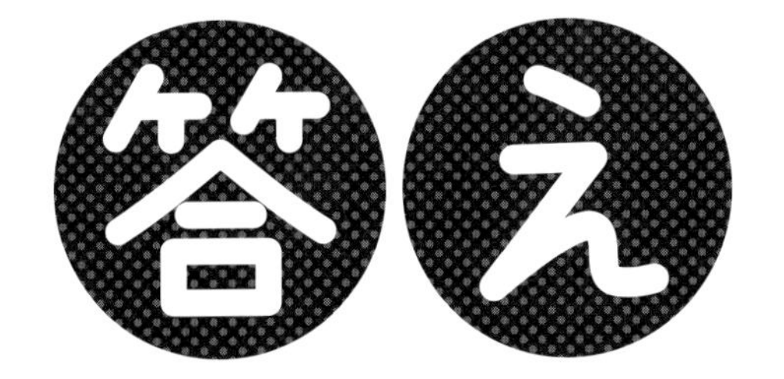

●ドリルやテストが終わったら、うしろの「がんばり表」に色をぬりましょう。
●まちがえたら、かならずやり直しましょう。「考え方」も読み直しましょう。

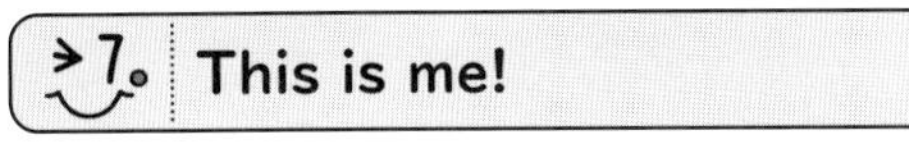

7. This is me!

13~14ページ

1

例

b	k	l	i	o	n
k	o	f	i	l	h
r	a	b	b	i	t
a	l	c	t	r	d
l	a	a	a	b	o
a	p	s	t	t	g

【解答】dog　cat　rabbit　lion

2

(1) friend　(2) classmate
(3) brother

3

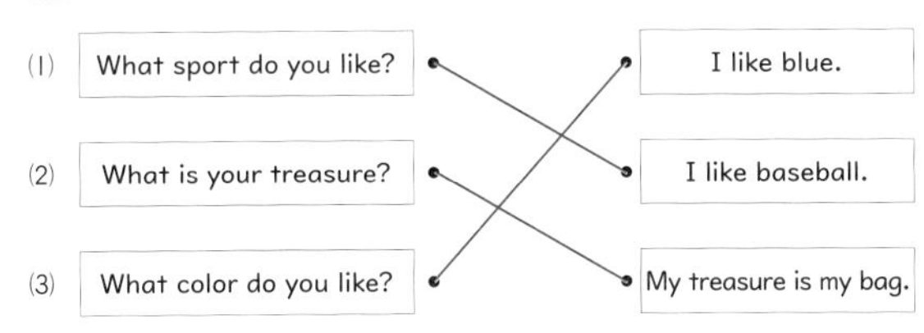

4

(1) I like
(2) playing the piano

考え方

3 (2) What is your treasure? は「あなたの宝物(たからもの)は何ですか」とたずねる文です。My treasure is ~. で自分の宝物を答えている文を選びます。

4 (2)「わたしは～が得意です」は、I'm good at ~. で表します。「～」には〈動作を表す単語＋ing〉を入れます。

11. My Daily Schedule

21~22ページ

1

(1) Sunday　(2) Tuesday
(3) Thursday　(4) Friday

2

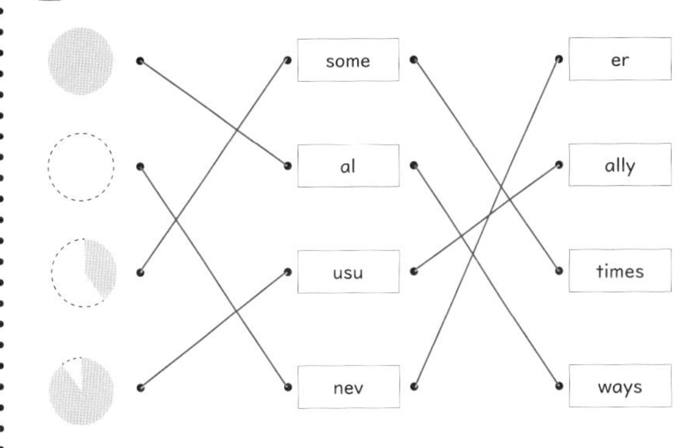

【解答】always　never　sometimes　usually

3

(1) morning　(2) afternoon

4

(1) get up
(2) do , homework

(3) take , bath

(4) go to bed

考え方

2 頻度(ひんど)の高さは次の順になります。

高い always(いつも)

usually(たいてい)

sometimes(ときどき)

低い never(決して～ない)

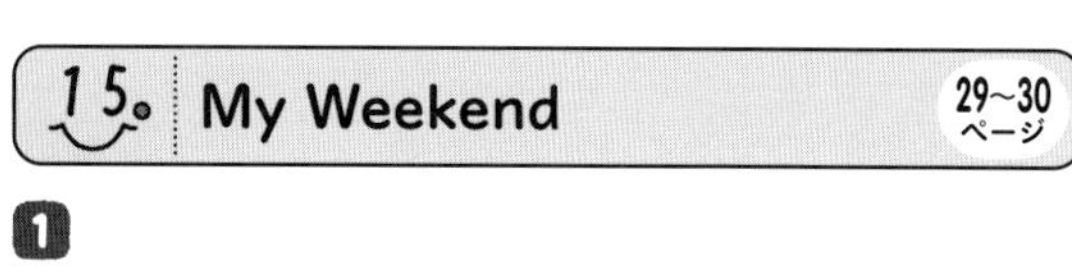

1

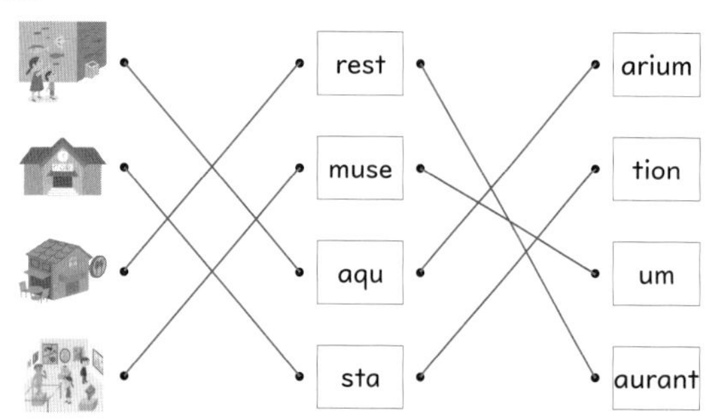

【解答】aquarium station
restaurant museum

2

(1) bookstore

(2) post office

3

(1) enjoyed (2) made

4

(1) How (2) was

(3) went to (4) ate

考え方

4 (1)「あなたの週末はどうでしたか」は How was your weekend? と言います。

(2)「～でした」は過去のことなので、was を使って、It was ～. と言います。

(3)(4)行った場所は I went to ～.、食べたものは I ate ～. と言うことができます。

grandfather → restaurant → tennis → soccer

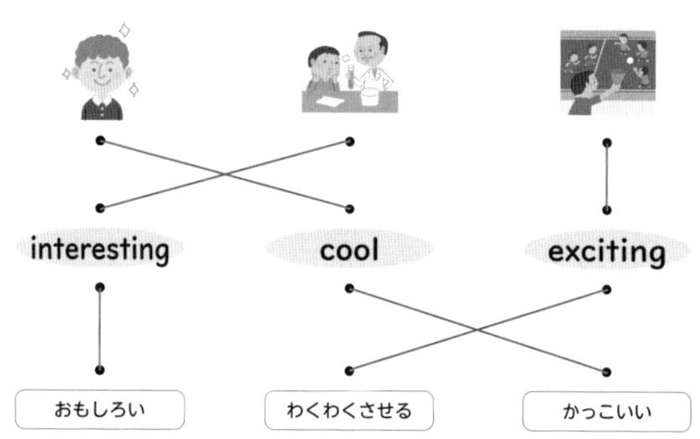

(1)

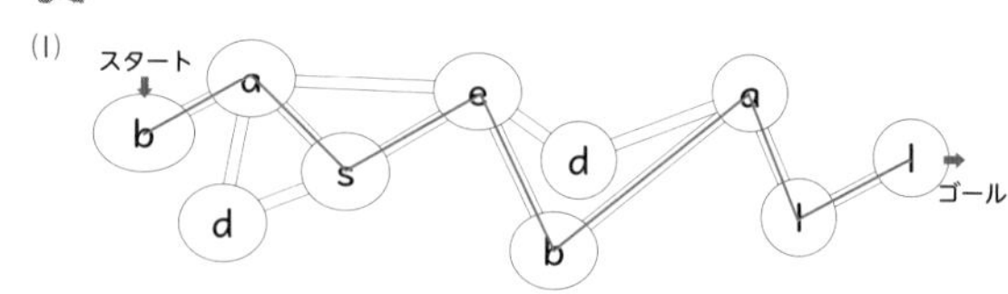

【解答】baseball

(2)

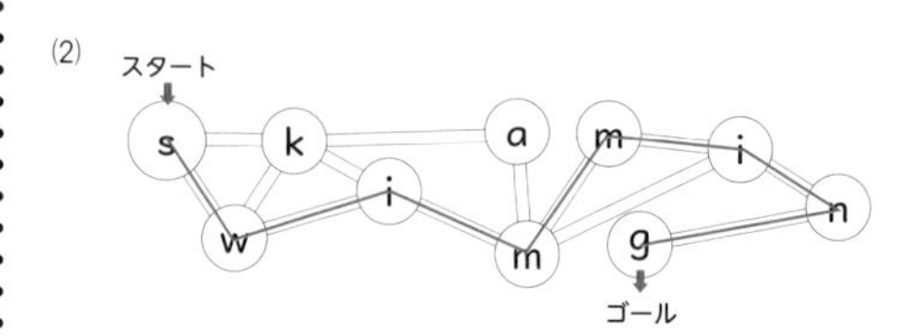

【解答】swimming

4

(1) went to (2) saw

(3) ate pizza

考え方

4 (2)「わたしはコアラを見ました」という文にします。「～を見た」はsawで表します。

(3)「わたしはピザを食べました」という文にします。「～を食べた」はateで表します。

20. Let's see the world. 39～40ページ

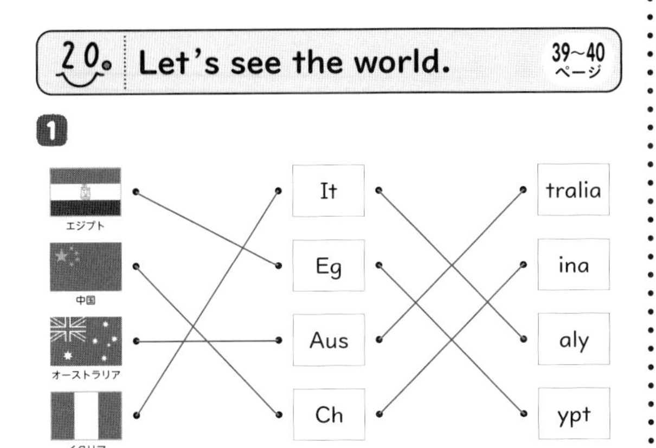

1

【解答】Egypt　China　Australia
Italy

2

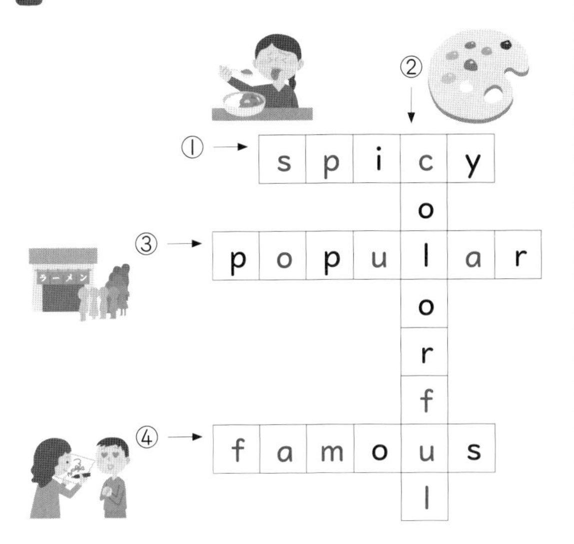

【解答】①spicy　②colorful　③popular
④famous

3

(1) Where , to go

(2) America

(3) see the Statue

(4) eat steak

考え方

3 (1)「どこ」と場所をたずねるときは Where ～? を使います。

(2) I want to go to ～. は「わたしは～に行きたいです」という意味です。絵から、アメリカに行きたいことがわかります。

(3)「あなたは自由の女神像を見ることができます」という文にします。「自由の女神像」はthe Statue of Libertyです。

(4)「あなたはステーキを食べることができます」という文にします。「～を食べる」はeatで表します。

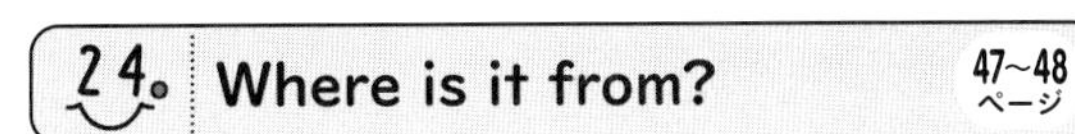

24. Where is it from? 47～48ページ

1

(1) hamburger (2) omelet

(3) spaghetti (4) bread

2

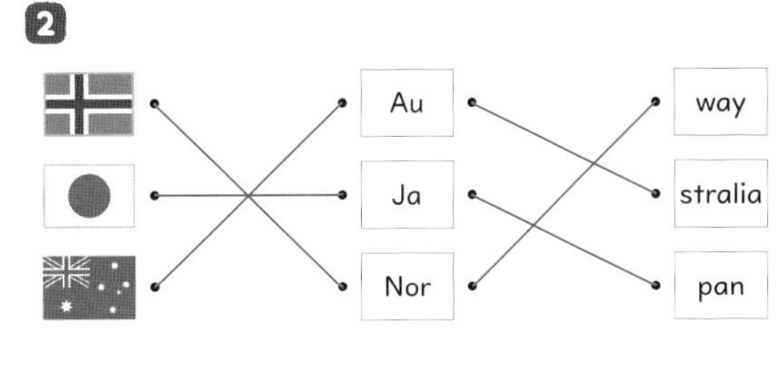

【解答】Norway　Japan　Australia

3

(1) South America

(2) Oceania

(3) cap (4) T-shirt

4

(1) sweater (2) Europe

(3) hat (4) Asia

考え方

4 (1)「わたしのセーターはスウェーデン産です」という文にします。

(2)「スウェーデンはヨーロッパにあります」という文にします。州を表すことばは大文字で書き始めます。

(3)「わたしのぼうしはベトナム産です」という文にします。

(4)「ベトナムはアジアにあります」という文にします。「アジア」はAsiaで【エイジャ】と発音します。

28. Save the animals. 55~56ページ

1

例

f	s	h	i	k	d	l
i	h	s	e	a	o	e
s	a	w	h	a	l	e
h	r	h	a	r	p	f
e	k	e	n	g	h	i
p	e	n	g	u	i	n
t	u	r	t	l	n	e

【解答】shark dolphin whale
penguin

2

(1) savanna (2) river

(3) forest

3

(1) elephant (2) gorilla

(3) sea turtle

4

(1) plant trees

(2) save energy

考え方

4 (1) 1文目に「森林がなくなることは大きな問題です」とあります。これに続くのは、表より、「わたしたちは木を植えることができます」という文だとわかります。

(2) 1文目に「地球温暖化(ちきゅうおんだんか)は大きな問題です」とあるので、表より、「わたしたちはエネルギーを節約することができます」という文を続けます。

29. Unit 4 ~ Unit 6 57~58ページ

1

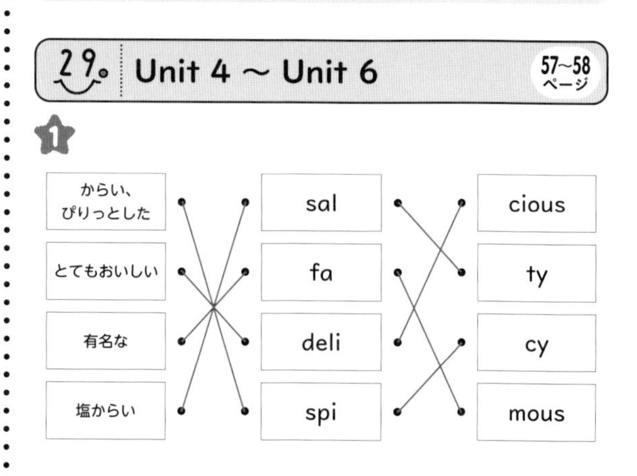

【解答】spicy delicious famous
salty

2

(1) tiger (2) gorilla

(3) desert (4) sea

(5) sandwich

3

(1) This is (2) from

(3) in Oceania

4

(1) Where (2) go to

(3) swim (4) see

(5) big

考え方

2 (1)tigerのiは【アイ】と発音します。

(2)gorillaは、rとlのちがいや、lが2つ続くことに注意します。

3 (1)「これは～です」は This is ～. と言います。

(2)「～産」はfrom ～(～から)で表します。

(3)「～(の中)に」はin ～で表します。

33. My Best Memory 65~66ページ

1

(1) cute (2) cool

(3) great (4) new

2

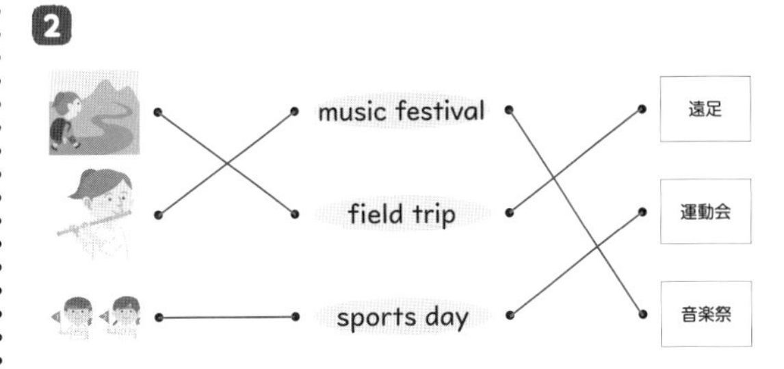

3

(1) s~~o~~w → saw (2) ~~e~~ite → ate

4

(1) memory (2) went

(3) saw (4) was

考え方

4 (1)「わたしの一番の思い出は修学旅行です」という文にします。

(2)「わたしたちは北海道に行きました」という文にします。

(3)「わたしたちは湖を見ました」という文にします。「～を見た」はsawで表します。

(4)「それは美しかったです」という文にします。過去のことなのでwasを使います。

36. My Future, My Dream 71~72ページ

1

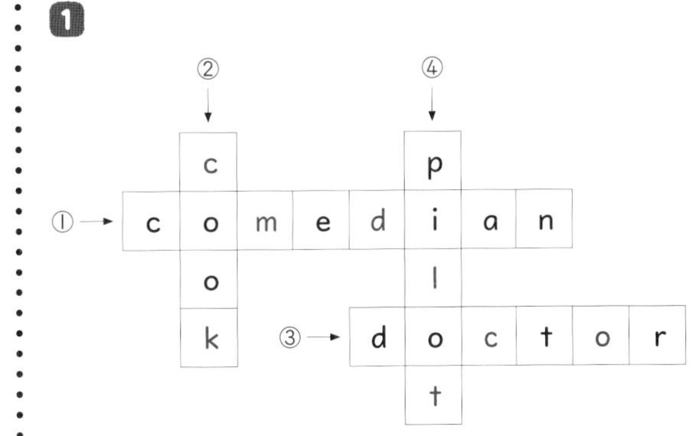

【解答】①comedian ②cook ③doctor ④pilot

2

(1) brass band

(2) chorus

(3) computer club

3

(1) vet (2) zookeeper

(3) teacher

4

(1) drama club

(2) businessperson

考え方

4 (1)「わたしは演劇部(えんげきぶ)に入りたいです」という文にします。want to join ～で「～に入りたい」という意味を表します。
(2)「わたしは実業家になりたいです」という文にします。want to be ～で「～になりたい」という意味を表します。

37。 Unit 7 ～ Unit 8 73～74ページ

スタート doctor	yellow	hamburger	apple
teacher	baseball	piano	bitter
vet	programmer	restaurant	mountain
park	zookeeper	cook	comedian
watch	river	sour	pilot ゴール

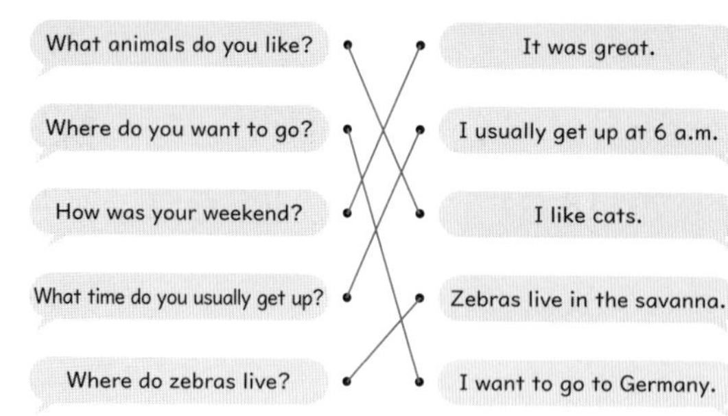

3

(1) racket (2) like

(3) join

(4) want , be

(1) school trip

(2) went

(3) saw

(4) beautiful

考え方

2 What time do you usually get up?(あなたはたいてい何時に起きますか)には、I usually get up at ～.を使って、起床(きしょう)時刻(じこく)を答えている文を選びます。
Where do zebras live?(シマウマはどこで暮(く)らしていますか)には、Zebras live in ～.と暮らしている場所を答えている文を選びます。